KB260151

어린이와 신의 대화

국립중앙도서관 출판시도서목록(CIP)

어린이와 신의 대화 / 스리 친모이 지음 ; 김상환 옮김. -- 서울 :
북코리아, 2007
    p. ;   cm

원저자명: Chinmoy, Sri
ISBN 978-89-89316-93-0 03370 : ₩10000

235.7-KDC4
268-DDC21   CIP2007001519

Sri Chinmoy

신의 아이들이 행복하기를 원하십니까?

를 위해 아이들은 태어나는 순간부터

적으로 양육되어야 합니다.

이들에게 자신이 선하고도 신성하다는

낌을 갖게 해 주십시오.

께서 그들을 사랑하고 있음을 이해시키도록 하십시오.

럴 때 아이들은 내면에서 우러나오는 행복을 느끼게 될 것입니다.

스리 친모이 지음 | 김상환 옮김

북코리아

오래 전 나는 친모이에게 다음과 같은 질문을 한 적이 있습니다.

"아동교육에서 특별히 강조할 만한 영적인 자질은 어떤 것입니까?"

이에 대한 그의 대답이 간결하게 이 책에 소개되어 있습니다.

그 대답에서 제시된 핵심적인 가르침은 '헌신'이었습니다.

솔직히 말해서 그 당시 나는 그 헌신이라는 말의 의미를 가슴 깊이 받아들이지 못하였습니다. 그러나 오래 지나지 않아 나는 헌신이라는 덕목을 나의 인생에서의 행동지침으로 삼게 되었습니다.

친모이는 다음과 같이 말합니다.

"어머니는 자녀를 사랑하기에 자녀에게 주고 또 준다. 이 아이가 커서 어머니에게 보은할 수 있다면 그것은 어머니의 행운이다. 그러나 실제로 아이가 어머니에게 은혜를 갚는 일은 많지 않다. 아이에게는 또 자신의 인생이 있기 때문이다. 그러나 어머니는 줌으로 인해 신으로부터 축복을 받는다. 어머니가 자녀에게 베푸는 빛과 사랑 그리고 다른 신성한 자질들은 그 자체가 어머니에게 축복이 되는 것이다."

명상을 통해 신과 교류할 경우 우리는 내면 깊은 곳에서 샘물 같은 평화와 빛 그리고 사랑을 느낄 수 있습니다.

이러한 신성한 특성들을 계발시킴으로써 우리 자신과 아이들의 인생은 변형되며 참되고 충만한 기쁨을 얻을 수 있는 것입니다.

나아가 우리는 이러한 특성들을 가족이나 친구뿐만 아니라 모든 사람들에게 전할 수 있습니다.

부모가 그 자신과 아이를 영적으로 양육시키겠다는 의식적인 노력이 있어야만 내면적·외적인 변형이 이루어질 수 있는 것입니다.

여러 이유로 인해 많은 사람들은 우리의 행성 자체의 생존 문제에 대해 심각한 우려를 나타내게 되었습니다.

이제 부모들은 그들의 아이들에게 신의 사랑에 버금가는 지속적인 사랑과 관심을 베풀어야 함을 절실히 깨닫게 되었습니다.

더 나아가 아이들이 그 자신의 가슴속에서 이러한 사랑을 스스로 발견할 수 있도록 교육해야 할 필요성도 느끼게 되었습니다.

이렇게 함으로써 아이들은 헌신이라는 아름다운 덕목을 한 송이의 꽃으로 피워낼 수 있는 것입니다.

스리 친모이는 말합니다.

"그대가 아이를 사랑으로 감화시킬 수 있다면 그 아이는 언젠가 또 다른 사람을 감화시키게 될 것이다. 하나의 사랑에서 많은 사랑이 파생된다."

이 책에서 스리 친모이는 신을 사랑하는 사람들에게 그리고 자녀들에게 헌신의 덕을 교육하고자 하는 모든 이상주의자들과 부모들에게 실질적인 충고를 해 주고 있습니다.

13년 동안 나의 가족은 스리 친모이의 애정어린 인도 속에서 살아왔습니다. 나는 이 책에 담겨진 친모이의 가르침으로 양육될 경우 모든 아이들의 내면에서 아름다운 의식의 꽃이 풍성하게 피어나게 된다는 사실을 나의 경험에 의해 증언할 수 있습니다.

부모들이 일상적인 일들을 감당하면서 자녀들에게 명상을 가르치고 지속적인 사랑과 관심을 베푸는 일이 쉬운 것은 아닙니다.

그것은 하나의 도전일 수도 있습니다.

그러나 친모이의 가르침과 철학은 이 도전이 내가 생각해 왔던 것보다는 훨씬 실현 가능한 것이라는 희망을 심어주었습니다.

스리 친모이의 지혜로써 교화된 아이들은 참된 영성으로부터 비롯되는 사랑하는 가슴과 평화로운 삶을 구현하며 살아갈 수 있었습니다. 그들의 삶 속에 헌신의 마음이 스며들어 있는 것입니다.

이에 대해 우리와 그 아이들의 부모들은 언제나 깊은 감사의 마음을 지니게 될 것입니다.

친모이의 제자 아타르(Atar)

차례

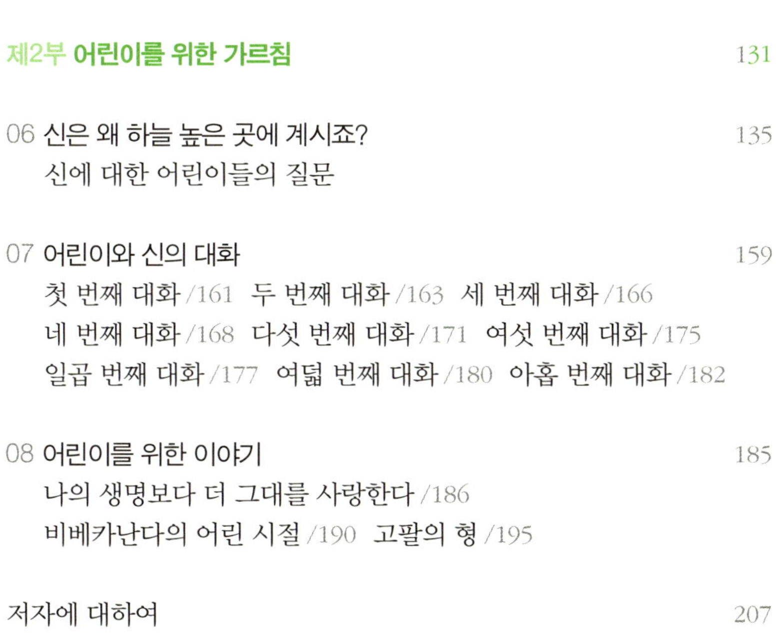

제1부
부모를 위한 가르침

01

어린이의 가슴, 어린이의 꿈

어린이의 소망

어린이는 순수한 소망을 지닙니다.

신께서는 이에 풍성한 결실로 보답하십니다.

어린이의 가슴속에 담겨 있는 소망의 씨앗은

신성의 정원 속에서 아름답게 꽃을 피우고 열매를 맺습니다.

신께서 만드신 모든 창조물들을 연꽃이나 장미꽃의 잎들과 비교해 봅시다. 그 꽃잎들은 생긴 모양이 모두 다릅니다.

어린이는 신의 창조물 가운데서도 특히 소중하고도 의미 깊은 존재입니다. 왜냐하면 신께서는 각개의 어린이를 통해 자신의 아름다운 꿈과 목표를 구현시키려고 하시기 때문입니다.

모든 어린이들은 지금까지 알려지지 않았던 새로운 신성한 메시지를 지니고 이 세상에 왔습니다. 어린이들로부터 발산되는 이 메시지를 바르게 이해할 수 있다면 세상은 새로운 빛과 기쁨 그리고 새로운 사랑과 힘을 얻게 될 것입니다.

미래는 오늘의 어린이에게 달려있습니다. 우리는 완성된 미래에 대해 이야기합니다. 그러나 우리가 말하는 이 완성은 오직 어린이의 가슴과 어린이가 지니고 있는 꿈을 통하여 가능한 것입니다.

구세대는 신세대에게 자리를 양보해야 합니다.

구세대란 진리를 찾지 않고 진리를 받아들이지 않으며 진리를 구현하고자 노력하는 삶을 살지 않는 태도를 가리키는 말입니다.

오직 어린이들만이 청순한 가슴을 지니고 있기에 매일 매일을 새로운 새벽처럼 느낄 수 있습니다. 어린이들은 생기 넘치게 움직이고 무엇인가를 이룩하려고 하며, 매일 세상에 새로운 것을 구현하고자 합니다.

어린이의 중요성

삶에서 진보를 이루어 내는 것은 노인이 아니라 어린이입니다. 노인들은 변화나 발전에 대해 별 관심이 없기 때문입니다.

그러나 노인을 구분짓는 기준이 단순히 연령에 따른 것만은 아닙니다. 60세 심지어 70세가 넘은 사람이 어린이와 같은 열정과 내면의 기쁨 그리고 영감을 지닐 수 있습니다. 이에 반해 17세 또는 18, 19세에 불과한 젊은이임에도 열망이나 영감, 역동적인 삶의 태도 같은 것이 결여된 경우도 있습니다.

만일 19세의 소년이 세상 일에 관심이 없고 세상으로부터 무엇인가 구할 것도 기여할 것도 없다면, 그는 영적인 면에서는 99세에 해당하는 노인입니다. 반면에 99세가 된 사람이 내면의 언어 즉 신성한 사랑과 평화의 언어 그리고 신성한 지혜와 빛의 언어를 배우기를 원한다면 그는 영적인 면에서는 젊은이에 해당합니다.

영적인 삶 속에서는 우리는 세속적인 연령을 중요시하지 않습니다. 단지 무엇인가를 행하고 무엇인가가 되고자 하는 열망, 나아가 신의 자녀가 되고자 하는 내면적 열망에 관심을 기울입니다.

당신은 진정 어린이와 같이 되기를 원하십니까? 그렇다면 당신에게는 언제나 배워야 할 새로운 일들이 있다는 것과 그 일들을 신으로부터 배워야 함을 깨달아야 합니다. 영적인 생활 속에서 당신은 매일, 매시, 매분, 매초마다 신성한 하늘의 아버지로부터 무엇인가를 배우게 됩니다.

만일 당신이 언제나 배우고자 하는 자세를 지닌다면 당신이 수용하여 성취할 수 있는 신의 역량에는 끝이 없는 것입니다.

어린이의 천진난만한 가슴

어린이는 순수한 가슴 속에서 살고 있기 때문에 자신의 부모가 그를 언제나 돌보아 줄 것이라고 믿습니다. 자신의 주변에는 항상 보호와 안내 그리고 돌봄이 있다고 생각합니다. 그러므로 어린이는 삶에 대해서도 자연스럽게 신뢰하는 마음을 지니게 됩니다. 어린이는 언제나 가슴 속에서 살고 있기 때문에 부모가 그를 충족시켜 주지 못할 일이 없다고 확신합니다.

만일 한 어린이가 의심으로 가득 찬 마음의 세계 속에서 산다면 그는 곧 '아, 어쩌면 아빠가 이것을 해 주지 못할지도 몰라' 또는 '엄마가 안 계셔서 나를 도와줄 수가 없으면 어떻게 하지?' 하는 식으로 염려하게 됩니다. 이렇게 되면 이 아이는 두려움과 의심을 지니게 되고 근심 걱정을 하게 됩니다. 그러나 어린이는 마음속에서 살고 있지 않습니다.

마찬가지로 만일 당신이 어린아이와 같은 순수한 영을 지니고 싶다면 나이에 관계없이 무한한 지혜를 지닌 어떤 존재가 있어서 언제나 당신을 배려해 주고, 안내해 주고, 보호해 준다고 느낄 수 있어야 합니다. 그리고 그 어떤 존재는 다름 아닌 신입니다.

가슴보다는 지식에 더 의존하고 있는 사람, 내적인 성취보다 외적인 성취에 더 관심을 두는 사람, 내면의 신보다 자기 주변의 여건에 더 비중을 두는 사람은 결코 어린이와 같이 될 수 없습니다. 순수한 어린이는 언제나 가슴의 세계에서 살고 있습니다.

반면에 어른들은 항상 마음의 세계 속에서 살고 있습니다. 마음속에는 사랑이 없습니다. 참다운 사랑은 열린 가슴 안에서만 발견될 수 있습니다. 열린 가슴을 지닌 사람은 언제나 타인을 행복하게 해 주고자 합니다.

신께서는 어린이처럼 열린 가슴을 지니고 계시기에 언제나 우리를 행복하게 만드려고 하십니다. 어린이의 열린 가슴은 신성한 가슴입니다. 일상생활 속에서 우리는 어린이들을 그저 평범한 존재로 대합니다.

그러나 내면으로 들어가면 우리는 어린이들이 신성한 자질들을 많이 지니고 또 드러내고 있음을 곧 깨닫게 됩니다. 이렇게 될 때 우리는 어린이들을 진정한 기적으로, 신의 도구로 그리고 아름답고도 신성한 한 송이의 꽃으로 바라볼 수 있게 됩니다.

어린이를 이런 식으로 바라보아야 할 사람은 바로 부모들입니다. 만일 부모들이 그들의 어린이들을 신성한 꽃처럼 느낀다면 부모들은 아이들이 스스로 그 신성을 느끼도록 유도할 뿐 아니라 이와 같은 신성한 성향을 지니도록 양육하게 될 것입니다.

일찍이 아이들 속에서 신성을 발견하고 어린이들로 하여금 자신 안에 있는 신성을 깨달을 수 있도록 해 주어야 할 사람은 바로 부모들입니다. 이것이 부모들이 해야 할 최상의 역할입니다.

아이들을 먹이고 입혀서 학교에 보내는 것으로 부모의 역할을 다했다고 생각해서는 안 됩니다. 결코 그렇지 않습니다. 부모들은 어린이들이 지니고 있는 신성한 내면의 자질들을 계발시켜 줄 책임이 있습니다.

모든 어린이들이 이러한 영적인 자질들을 습득할 수 있으며 또 습득해야 합니다.

어린이들을 다른 방법으로 키우기보다 영적으로 키우는 일이 훨씬 더 쉽습니다. 왜냐하면 어린이들은 진리이며 빛이신 그리고 기쁨이 되시는 신의 제단에 놓이게 될 신선하고 아름다운 꽃들이기 때문입니다.

질문 »　어린이들이 어른들보다 아름다움에 더 민감한가요?

친모이 »　그렇습니다. 어린이들은 어른들보다 아름다움을 더 많이 느 낍니다. 왜냐하면 어린이들이 어른들보다 가슴과 영혼의 세 계 속에서 더 오랫동안 머물고 있기 때문입니다. 어린이들은 그 순수한 내면적 특성으로 인해 어둠 속에서도 아름다움과 빛을 봅니다. 마음이 발생되면서부터 이 순수하지 못한 마음 은 빛과 지혜 속에서 그리고 진취적인 것 안에서조차도 결점 을 찾아내려고 애를 쓰게 됩니다.

　인간의 마음은 추한 것을 보면서 만족을 얻습니다. 그러나 어린이는 마음을 사용하지 않습니다. 그는 가슴을 통해 모든 것과 하나가 됩니다. 그의 순수한 가슴은 모든 존재 속에서 신성을 느끼며 모든 만물 속에서 아름다운 것을 봅니다.

　이러한 어린이의 순수한 가슴은 더할 나위 없이 참된 것이 기도 합니다.

질문 »　우리는 어떻게 어린이들의 가슴과 영혼을 충족(fulfil)시킬 수 있나요?

 오직 어린이들의 가슴과 영혼이 됨으로써 충족시킬 수 있습니다. 이 말의 의미는 무엇일까요?

우리는 항상 우리의 의식을 각성시키고 가슴을 충족시켜 줄 수 있는 것들을 배우고 느끼려는 열망을 지녀야 합니다. 우리는 진리와 빛 그리고 기쁨에 대해 더 큰 열망을 갖고 열심히 배워야 합니다. 우리에게 어린이 같은 천진스런 가슴과 영혼을 가져다주는 것이 바로 배우고자 하는 열정이기 때문입니다.

그러므로 우리 자신이 어린이 같은 가슴과 영혼을 지님으로써만 우리는 이 세상 어린이들의 가슴과 영혼을 충족시킬 수 있게 되는 것입니다.

02

부모의 역할

굽히시는 신

어머니가 과실을 주기 위해

아이에게 허리를 굽히듯이

신께서는 자신을 주시기 위해

인간에게 허리를 굽히십니다.

성스런 가정의 목적은 자신의 참다운 본질을 깨닫도록 식구들을 도와주는 일입니다.

만일 어떤 사람이 자신의 참다운 본질을 발견하지 못한다면 그는 자신이 신과 맺었던 약속을 어기고 있는 셈입니다.

어떠한 약속인가요?

옛날 우리가 영혼의 세계에 있을 때 그는 이 땅의 삶에서 신의 아름다움과 영광을 드러낼 것을 신과 약속했던 것입니다.

이 약속을 이행하기 위하여 그는 세상의 수많은 가족 가운데서 한 가족을 특별히 선택하여 태어났습니다. 이 가족 안에서 유년기를 거치며 어린이는 신체적·영적인 발달을 이루어 나갑니다.

당신이 한 아이를 얻었다는 것은 하늘로부터 당신의 생활 속으로 신성의 일부분을 초대했다는 의미입니다.

이 때 당신은 신에게 또 하나의 엄숙한 약속을 하는 것입니다. 즉 당신의 자녀를 신을 위한 도구로 완벽히 키울 것이라는 약속입니다.

그것이 어려우면 당신의 능력이 닿는 만큼 최선을 다해 아이를 키우고 이것으로 불충분할 때에는 다른 사람의 도움을 요청하기로 약속하였던 것입니다.

요즘의 부모들은 자녀에게 훈육을 베풀지 않는 것을 종종 사랑이나 배려로 혼동합니다. 부모들은 자녀에게 사랑과 관심을 베푸는 일을 소홀히하고 있습니다. 그리고 그것이 엄격한 영적인 도야나 내적인 훈련일 때에도 그들은 자녀들에게 이를 제대로 행하지 않습니다.

이로 인해 자녀들은 올바르게 성장하지 못하게 됩니다. 그들은 영적인 영역이나 신체적, 마음의 영역에서도 제대로 양육되지 못하고 맙니다.

자유와 훈육

서구사회에는 내가 잘 납득하기 어려운 종류의 자유가 있습니다.

서양의 부모들은 종종 그들이 아이들에게 가장 좋은 것이 무엇인지 알 수 없다고 말하며, 그런 까닭에 아이들 자신이 가장 적절한 것을 찾을 수 있도록 자유를 주고 있다는 것입니다.

이는 가식된 조심성에서 나오는 행위입니다.

물론 영적인 스승이나 요기에 비해 볼 때 당신의 능력은 크게 부족할 수 있습니다. 그러나 당신은 살아오면서 많은 시행착오와 실수를 저지르는 가운데서 무엇이 옳고 그른지를 어느 정도

분별할 수 있게는 되었습니다.

당신이 진정으로 아이들을 사랑한다면 그들에게 당신의 체험을 전수해 주어야 합니다. 당신은 아이들을 바르게 인도할 수 있게 해 달라고 매일 신께 기도하고 명상해야 합니다. 그리고 당신이 얻게 되는 깨달음을 마땅히 자녀들에게 전해 주어야 합니다.

따라서 아동기에는 부모들이 자녀들에게 무엇이 가장 좋고 바람직한 것인지를 말해 주어야 합니다.

만일 아동들이 변화가능성이 큰 이 시기에 바르게 양육되지 못하면 나중에 자라서 약물 복용 등 여러 좋지 못한 습관에 빠지게 됩니다. 그때가 되어서야 부모들은 탄식합니다.

'나는 이런 짓을 하라고 가르치지 않았는데……'

그러나 유감스럽게도 부모들은 자녀들에게 잘못된 자유를 주었던 것입니다. 자신의 이상을 가르치는 대신 그들은 아이들을 멋대로 행하도록 방치했습니다.

당신은 아이에게 우유를 줍니다. 우유가 영양분이 많다는 것을 알고 있기 때문입니다. 당신은 '아이가 우유를 먹든 물을 먹든 좋아하는 것을 선택하도록 그냥 놓아두자. 세월이 흐르고 나면 우유가 더 좋은 것이라는 것을 깨닫게 될 터이니까' 하고 생각하지는 않습니다. 그 때가 되기 전에 아이는 병에 걸리거나 심지어는 죽게 될지도 모르기 때문입니다.

그러므로 당신은 아이가 열 살 또는 열두 살이 될 때까지는 우유를 마시도록 가르쳐 주어야 합니다. 그 나이가 되어서 아이가 우유를 좋아하지 않는다면 다른 것을 마시도록 하면 됩니다.

마찬가지로 영적인 면에서도 부모들은 흔히 자녀들에게 영혼의 양식을 먹이지 않고 있습니다. 그들은 그들의 자녀가 어떤 길을 원하는지 알지 못하며 어느 종교가 그들에게 적절한지, 어떤 종류의 기도가 그들에게 적합한지 모르기 때문에 아이들에게 아무것도 가르치지 않는다고 말합니다.

그러나 당신이 가장 좋은 삶이라고 생각하는 것이 당신의 아이에게도 좋은 것이 될 가능성이 많습니다.

만일 영적인 자양분을 제공하지 않는다면 아이는 영적으로 죽게 될 것입니다.

당신은 아무것도 먹을 것을 그들에게 주지 않고 있습니다. 당신은 마땅히 그들에게 음식물을 주어야 합니다. 그 아이들이 어떤 음식물은 좋아하지 않을지 모르나 그 음식물을 먹어야 하며 그렇지 않으면 그들은 죽게 될 것입니다. 성장한 후 그들은 자신이 먹어야 할 것을 자유롭게 선택하게 될 것입니다.

이곳 서구 사회에서 나는 수많은 아동들이 자유라는 미명하에 그의 부모들로부터 방치되고 있음을 목격합니다.

당신은 더 높은 권위, 즉 자신의 높은 자아의 지시에 따를 수 있는 자세를 지녔기에 외적인 자유를 즐길 수 있습니다. 당신이 더 높은 자아에 순응하지 않을 경우 당신의 자유는 제약받게 됩니다.

부모들은 아이들보다 지혜와 경험이 더 많고 더 의식적입니다. 그렇기 때문에 부모의 지식과 경험 그리고 의식이 아동의 더 높은 자아의 영역에 해당된다는 사실을 알아야 합니다. 부모들이 아이들을 지도할 수 있고 또 해야 할 위치에 있는 것입니다.

이 아이들이 성장하여 어느 날 자신의 자녀들을 안내하고 교육시킬 위치에 놓이게도 되겠지요.

　그러나 아동들에게 그들이 성숙한 내면적 지혜를 지니기 전에 자유를 부여한다면 이런 자유는 위태로운 것이 되고 맙니다.

물질적인 부와 사랑

요즘의 부모들은 흔히 자녀들에게 재물을 주어야 한다고 생각합니다. 그러나 대부분의 부모들은 자녀들에게 사랑을 줄 생각은 하지 않습니다.

그들은 자녀들에게 안락한 생활을 주려고 합니다. 그러나 안락하게 사는 것과 사랑하며 사는 것 사이에는 큰 차이가 있습니다.

어린이의 가슴과 영혼은 돈에는 관심이 없습니다. 아이는 엄마 아빠의 사랑을 가슴 깊이 원합니다. 아이가 부모로부터 사랑받게 되면 둘 사이는 신성한 힘으로 깊이 연결됩니다. 사랑은 조건 없이 그리고 그 어떤 은밀한 흥정도 없이 주어져야 합니다.

만일 아이가 4세 정도일 때 베풀어준 애정이 25세 때 물질적인 편안함으로 보상해 올 것이라고 부모가 기대한다면 이는 매우 잘못된 것입니다.

신께서는 언제나 가장 좋은 것으로 우리를 축복해 주십니다. 그분은 우리의 감사를 요구하지 않습니다. 오직 주고자 하실 뿐입니다. 줌으로써 행복을 느끼기 때문입니다. 행복은 줌으로써 옵니다.

그러므로 부모는 마땅히 자녀에게 조건 없이 모든 것을 주어야 하며 그 대가로 자녀의 사랑을 기대해서는 안 됩니다.

물론 부모가 자녀에게 사랑을 쏟을 때 자녀들이 감사함으로 보답할 수도 있겠지요. 그러나 진정한 부모는 그러한 감사를 기대하지 않습니다. 오직 자녀들을 사랑하는 일에 전심을 다할 뿐입니다.

설사 자녀들이 감사하지 않는다 하더라도 오직 한 분만은 부모들이 자녀들에게 베푼 사랑에 대해 무관심하지 않으십니다.

그분이 곧 신입니다. 신께서는 자신의 법칙에 따라 부모들에게 적절히 보상해 주실 것입니다.

어머니의 사랑

사전을 보면 수많은 낱말이 있습니다.

그러나 나는 '어머니'라는 낱말이 그 사랑과 관심, 애정과 친밀 그리고 친근성과 일체감에서 그 어떤 낱말과도 비교할 수 없을 정도로 크고 넓다고 생각합니다.

'어머니'처럼 소중한 말은 없습니다.

어머니는 애정과 친밀함의 표상이자 사랑과 배려의 화신입니다. 어머니는 아이와 분리시킬 수 없는 존재입니다. 어머니의 인생에서 아이는 무엇보다도 가장 소중한 존재입니다. 그리고 아이의 가슴속에서 어머니는 아이에게 모든 것이 되는 것입니다.

아이에게 어머니는 달콤하고 더 달콤하며 가장 달콤한 존재입니다. 어머니에게 아이는 가장 달콤한 것보다 더 달콤한 존재입니다. 어머니는 아이를 사랑해서 주고 또 줍니다.

운이 좋으면 아이가 성장하여 보은할 수도 있겠지요. 아마도 그런 기회는 많지 않을 것입니다. 아이도 자신의 인생을 살아가야 하기 때문입니다. 그러나 어머니는 줌으로써 신으로부터 축복을 받습니다. 그녀가 아이에게 베푸는 사랑과 빛 그리고 그 외의 신성한 특성들 그 자체가 바로 축복인 것입니다.

어머니의 사랑 속에서 우리는 여러 가지 신성한 특성들을 엿볼 수 있습니다.

그 첫 번째 것이 순수한 관심입니다.

두 번째 것이 끝 모를 인내심입니다.

아빠의 사랑에서도 지혜나 그 외의 좋은 특성들이 나타나겠지만 어머니와 같은 무한한 인내심을 찾아볼 수는 없습니다.

그러나 어머니의 사랑 속에서 우리는 지혜와 더불어 무한한 인내심을 느낄 수 있습니다. 어머니는 아이가 성장하여 모든 것을 배울 때까지 기다릴 준비가 되어 있습니다.

아버지는 어느 한도까지만 참을 수 있을 뿐입니다. 아버지는 자신의 지식이나 지혜의 잣대로 아이를 판단하지만 어머니는 아이 자신의 역량에 비추어 판단합니다.

아이는 아빠의 사랑보다 엄마의 사랑으로부터 더 많은 결실을 얻어냅니다. 엄마와 아이의 사랑에는 큰 내적인 친밀감이 있습니다. 어떤 크고도 광대한 것을 말할 때에는 아빠의 사랑이 우선이 되겠지요. 그러나 엄마와 아이의 사이에서 우리는 가슴으로 전해지는 강한 일체감을 느낄 수 있습니다.

아이는 엄마가 자신을 해치지 않을 것을 알고 있습니다. 엄마가 자신을 절대로 해롭게 하지 않을 것을 믿습니다. 가슴속에 엄마에 대한 큰 믿음이 있기 때문입니다. 어떤 사람이 자신에게 해를 끼치려 한다면 어머니가 생명을 바쳐서라도 자신을 구해줄 것이라고 믿습니다. 이런 믿음은 마음이 나타나기 이전까지 어린이에게서 발견할 수 있습니다.

아이가 13세쯤 되어 일단 마음이 작용하기 시작하면 엄마와 아이 사이의 달콤했던 친밀감은 깨어집니다. 왜냐하면 마음이라는 것은 의심과 혐의를 가지고 작용하기 때문입니다.

아이의 내면에 계신 신

당신은 아이들의 내면에 신이 살고 계신다는 그 사실 때문에 아이들을 소중히 여겨야 합니다.

마찬가지로 당신의 내면에도 신이 계시기에 당신이 자녀들에게 소중한 존재임을 알아야 합니다. 아이들과 대화하거나 교육시키려고 할 때 당신은 그들의 내면에 살아있는 신을 볼 수 있어야 합니다.

자녀들 내면에서 신의 존재를 느끼기 위해서는 우선 당신 존재 내에서 신의 현존을 느낄 수 있어야 합니다. 그래야 타인의 내면에 있는 신의 존재를 쉽게 느낄 수 있게 됩니다.

만일 당신이 내면에 언제나 신성을 지닐 수 있다면 그 누구를 만나더라도 그 사람에게서 신성을 엿볼 수 있습니다.

유감스럽게도 대부분의 사람들은 어린이들은 고사하고 자신의 내면에서조차도 신의 존재를 느끼지 못합니다. 그들은 자녀들을 일종의 소유물로 간주하고 마음 내키는 대로 아이들을 주조할 권리가 있다고 생각합니다.

그러나 만일 당신이 아이들을 그들 내면에 신이 계시다는 사실 자체 때문에 사랑할 수 있다면 당신과 아이 사이에는 신성한 사랑이 자연스럽게 흘러넘치게 될 것입니다. 그렇게 되면 아이들은 당신에게서 무언가 새로운 것을 얻고 배운다는 느낌을 지니게 됩니다.

물론 아이가 미소 지을 때 당신은 분명히 아이의 내면에 계시는 신의 모습을 보는 것입니다. 그러나 그 아이가 소리를 지르거나 좀 좋지 못한 행동을 할 경우에도 당신은 내면의 신을 봅니까? 당신은 '아! 이것은 나의 카르마일 뿐이야. 나는 이런 종류의 신을 원하지 않아.' 하고 한탄할 것입니다. 이 순간에는 신성한 것을 보다가도 저 순간에는 불완전한 것을 보면서 신은 그곳에 계시지 않다고 생각합니다.

그러나 영적인 견지에서는 아이들의 내면에서 신을 발견하려는 노력이 매우 중요합니다.

아이들에게 말을 할 때 당신은 그들의 내면에 있는 영적인 안내자에게 사랑을 보내고 있다고 느껴야 합니다. 그들에게 지혜를 나누어 줄 때에도 당신과 아이들 사이에 교량이 되어 주는 신이 계시다는 것을 느껴야 합니다.

당신과 그들의 내면에 영원한 사랑이신 신이 존재하기에 그들을 사랑하는 것입니다. 자비의 근원이 되시는 분이 당신의 내면에 계시기에 그들에게 자비심을 나타내고 있는 것입니다.

따라서 무슨 일을 하든지 당신은 아이들 내의 지고한 존재에게 정성을 다해 봉사하도록 하십시오.

아이들을 먹이기 전에도 지고의 존재를 생각하십시오.

그들에게 음식물을 주면서 지고의 존재에게 말하십시오.

'오, 지고의 존재시여, 저는 당신에게 이 식사를 바칩니다.'

그리고 나서는 당신이 아이들을 위해 무슨 일을 할 때마다 지고의 존재가 당신에게도 똑같은 일을 베풀어주기를 마음속으로 간구하십시오. 아이들에게 식사를 제공할 때 지고의 존재에게 다음과 같이 기도하는 것입니다.

'저는 당신의 자녀입니다. 저를 먹여주소서.'

그렇게 할 때 지고의 존재께서는 분명히 당신을 영적으로 충족시켜 주십니다.

그리고 아이들을 먹이고 난 후에 그들이 만족하며 행복해 할 때 지고의 존재에게 당신을 먹여 주시기를 다시 기도하는 것입니다. 이렇게 하면서 당신이 아이들을 한 번 먹이는 동안 지고의 존재께서는 당신을 세 차례나 먹이게 됩니다.

왜 그 존재가 당신을 먹입니까?

당신이 그에게 내적인 양식을 달라고 간구했기 때문입니다. 당신의 생활 속에서 이 지고의 존재가 항상 우선되어야 합니다.

아이가 당신을 보고 웃을 때 당신이 최상의 것을 성취했다고 느끼지는 마십시오. 그 대신 당신이 그 웃음 속에 있는 지고의 존재의 자녀임을 느껴야 합니다. 그 지고의 존재가 당신에게 웃음 짓고 당신으로 인해 기뻐할 때에야 당신은 가장 큰 기쁨을 얻게 되는 것입니다.

지고의 존재로부터 무엇인가를 얻게 되면 당신은 그것이야말로 당신이 필요로 하는 것이라고 느껴야 합니다. 일단 당신이 그것을 얻은 다음에는 그것을 당신의 자녀나 남편, 가까운 사랑하는 사람들에게도 나누어 줄 수 있습니다. 당신이 원하는 모든 것을 지고의 존재로부터 얻도록 힘쓰고 그것을 당신이 사랑하는 사람들에게 나누어 주십시오.

만일 아이들로부터 무엇을 얻고자 한다면 당신은 스스로를 제약시키는 결과를 가져올 뿐입니다.

지고의 존재에 가까이 다가가기 위하여 그리고 지고의 존재가 주시는 것을 충분히 받아들이기 위하여 당신은 기도와 명상 그리고 집중과 묵상을 배워야 합니다.

물론 당신은 어머니로서 할 일이 너무나 많다고 생각되겠지요. 그러나 우선적으로 해야 할 중요한 일이 무엇인지를 분별할 수 있다면 쉽게 명상할 시간을 낼 수 있을 것입니다.

이른 아침 당신의 가족이 일어나기 전, 그리고 당신이 이런저런 잡다한 일에 시달리기 전에 신에게 바칠 시간을 잠시 내면

되는 것입니다.

만일 아이들이 일어나 음식이나 이런저런 일들을 요구하는 시각을 알 수 있다면 당신은 이에 맞추어 10분 정도 먼저 일어나면 됩니다.

그들이 6시가 되면 부산을 떤다는 것을 알고 계시나요? 그러면 당신은 5시 30분에 일어나는 것입니다. 그리고 마치 신성을 도둑질하는 것처럼 비밀리에 명상을 하는 것입니다.

당신의 아이들을 위해 기도나 명상을 하고 나서 그들의 세속적인 욕구들을 돌보아주는 것과 오직 세속적인 욕구만 돌보아 주는 것과는 커다란 차이가 있습니다.

아이들의 세속적 욕구만 충족시켜 주고 나서 부모로서 할 일을 다한 것처럼 생각해서는 안 됩니다. 아이들과 몇 시간 동안 그들의 방식대로 놀아주고 나서 그들이 영적으로 성장할 것을 기대하지는 마십시오.

자녀들이 영적으로 성장하기를 바란다면 당신 자신이 먼저 영적으로 변화되어야 합니다. 당신이 먼저 기도하고 명상하십시오. 그런 후 아이들에게 가르치도록 하십시오. 좋은 것이라면 어떠한 것이라도 아이에게 가르쳐야 합니다.

가능하다면 가족이 함께 모여 명상하는 것이 훨씬 좋습니다. 그렇게 할 때 진정으로 한 가족이라는 생각이 싹틉니다.

식사를 함께 할 수 있는 것처럼 영적인 음식도 함께 먹을 수 있습니다.

기도와 명상이 바로 영적인 음식입니다.

영적으로 본보기를 보이는 일

어린이들은 자신의 부모들이 하는 일은 무엇이나 항상 가장 옳은 것이라고 생각하며 부모를 닮아갑니다.

부모가 어떤 것을 좋아하면 아이들도 곧 그것을 좋아합니다. 만일 부모가 좋은 친구들, 영적으로 성숙한 친구들과 사귀면 아이들도 곧 그런 친구들과 친해지려고 합니다. 아동들은 초창기에는 언제나 그들의 부모를 모방하려고 합니다.

그러므로 부모들은 언제나 아이들 앞에서 특별히 바르게 처신해야 합니다. 부모가 잘못을 저지르게 된다면 아이들은 큰 혼란에 빠지게 됩니다. 만일 부모들이 거짓말을 하거나 비행을 저지르게 되면 아이들도 부모의 행위를 본보기로 하여 따라갑니다.

이른 아침에 당신이 일어나 두 손을 모으고 기도와 명상을 한다고 가정해 봅시다.

며칠 동안은 당신이 명상하는 동안 아이가 졸지도 모릅니다. 그러나 머잖아 미묘한 경쟁심이 아이의 마음속에서 나타납니다.

'엄마, 아빠가 할 수 있다면 내가 못할 것은 무언가?'

그리고 나서 아이는 부모 옆에 앉아 명상을 시작합니다.

그러니 뭐니 뭐니 해도 부모 자신의 생활이 가장 좋은 본보기가 됩니다. 아이의 이상은 바로 부모들의 생활인 것입니다.

당신 스스로 말보다 행위로써 신성한 생활을 실천해 보여야만 아이에게 영적인 도움을 줄 수 있습니다. 아이에게 지시하는 것은 무엇이나 당신 자신이 먼저 실천해야 합니다.

아이들에게 일곱 시에 일어나 기도나 명상을 하라고 말해 놓고는 다음 날 당신 자신은 늦잠을 자 버립니다. 마찬가지로 아이들에게 거짓말을 하지 말라고 해놓고 당신은 거짓말을 합니다. 그리고 나서는 '아, 나는 이제 그렇게 해야 할 나이는 지났어. 이런 일들을 지키고 안 지키고는 나에게 중요하지 않아.' 하는 식으로 합리화합니다.

그러나 당신의 그러한 처신이 당신에게는 물론 아이들에게도 좋지 못한 영향을 미친다는 사실을 알아야 합니다.

만일 당신이 아이들에게 일찍 일어나 명상할 것을 지시하고 당신 자신도 이를 실천한다면 아이들은 크게 고무됩니다. 그러나 당신이 이를 실행하지 않으면 이미 아이들의 자세도 절반은 흐트러져 버립니다. 그들의 주의력은 곧 산만해집니다.

그들은 당연히 '만일 이 일이 정말로 좋은 것이라면 왜 엄마는 이 일을 행하지 않는가?' 하고 의아하게 생각할 것입니다.

언제나 아이들 앞에서 모범을 보이십시오.

만일 아이들에게 그림을 그리라고 지시해 놓고 요리를 한다면 당신은 잘못을 저지르고 있는 것입니다. 그 때에는 요리를 해서는 안 됩니다. 아이와 함께 그림을 그려야 합니다.

아이가 공놀이를 하고 있는 중입니까? 이때에는 비록 당신이 해야 할 좀 급한 일이 있더라도 아이와 함께 놀아주는 일이 더 필요합니다. 이때에는 이보다 더 중요한 것이 없습니다.

아이들이 바르게 성장하기를 바란다면 그들을 행복하게 해 주십시오.

응석을 받아주고 해달라는 대로 무조건 다해 준다는 것이 아닙니다. 이들을 위해 진정 가치 있는 일을 해준다는 의미입니다. 특히 아이들에게 자신들이 선할 뿐 아니라 신성하다는 느낌을 갖게 해주십시오. 그럴 때 아이들은 내면에서 우러나는 행복을 느끼게 될 것입니다.

아이들과 함께 있을 때 이렇게 말해 주는 것입니다.

"신께서는 너희들을 사랑하신단다. 너희들은 신으로부터 선택된 아이들이야. 모든 사람들은 너희들이 신의 뜻에 합당한 행위를 할 것을 기대하고 있단다."

이것이 내가 아이들을 행복하게 해주라는 말의 참뜻입니다.

아이들을 진정으로 행복하게 해주고 싶으십니까? 그렇다면 신께서 그들을 원하고 사랑하고 계심을 이해시키도록 하십시오.

무성의하게 아부를 하라는 말이 아닙니다.

아이를 칭찬하고 북돋아 주십시오. 현재로서는 그 칭찬의 내용에 비해 미흡하더라도 아이는 부모의 칭찬에 의해 고양되어 그

인도에서는 아이가 장님으로 태어나면 연꽃 눈(Lotus-eyed)이라는 이름을 붙여줍니다. 아이를 우주의 신들에 비유해 주는 것입니다. 이를 어리석게 보는 사람들도 있을지 모르나 이 부모들은 바른 일을 하고 있습니다.

그들은 이 아이들이 우주의 신들로부터 특별한 은총을 받았다고 생각합니다. 그들은 우주의 신들의 가호를 기원하고 있는 것입니다.

그러므로 당신이 아이들을 칭찬하고 격려할 때에는 아이들의 좋은 자질들을 계발시키고자 하는 의도를 지니고 해야 합니다. 그렇게 함으로써 아이들의 내면에서 잠자고 있는 신성을 일깨우는 것입니다. 언제나 아이들을 격려하고 용기를 심어주십시오.

아이들을 격려한다고 해서 당신이 그림을 커다랗게 그려 주거나 웅장한 시를 읽어줄 필요는 없습니다.

그럴 필요는 없습니다!

그들에게 좋은 말 한마디만 건네주어도 그들은 힘을 얻습니다. 정성어린 미소와 시선만 주어도 곧 그들은 당신의 미소에 감응하며 어린 가슴은 진동하게 됩니다.

아이들에게 '착하다'는 말을 했다고 합시다.

당신은 그 말이 아이의 에고를 강화시킬 뿐이라고 생각할지도 모릅니다. 그러나 당신은 아이의 가슴이 확장되는 것을 역시 가슴으로 느낄 것입니다. 아이의 가슴은 곧 피어나게 될 꽃봉오리와 같습니다. 당신이 아이에게 베푸는 좋은 말과 친절한 행위로 인해 아이의 가슴속에 있는 장미와 연꽃들이 하나씩 피어나게 됩니다.

이처럼 당신은 당신 나름대로 신성과 친밀하게 교섭할 수 있는 방법을 사용하여 매순간 아이를 고양시킬 수 있습니다.

만일 당신이 아이를 사랑으로 격려할 경우 이 아이는 그 누군가를 또한 사랑으로써 격려할 것입니다.

하나의 행위가 많은 결실을 맺게 됩니다. 이로 인해 세상은 개선됩니다.

예수님 같은 영적인 스승도 세상에 한 분으로서 오셨습니다. 그러나 그는 수없이 많은 사람들을 격려하고 있습니다.

인간성을 하루아침에 개조시키기는 어려운 일입니다. 그것은 긴 과정을 요구하는 작업입니다. 그러나 온 세상의 어린이들과 함께 개선해 나감으로써 인간성은 신성한 사랑에 힘입어 변형될 것입니다.

질문 ≫ 　어린이를 양육할 때 가장 중요한 태도는 어떠한 것입니까?

친모이 ≫ 　부모로서의 바른 모범, 자비, 용서 그리고 의식의 일체감입니다.

질문 ≫ 　아이를 양육할 때 어머니가 해야 할 의무는 무엇입니까?

친모이 ≫ 　어머니가 지켜야 할 의무가 많이 있습니다. 우선 아이에게 기도하는 법을 가르쳐야 합니다. 그리고 순수하고 진실하게 사랑하며 살아가는 방법을 가르쳐야 합니다.

질문 ›› 자녀 양육에서 아빠가 감당해야 할 책임에는 어떤 것이 있습니까?

친모이 ›› 자신이 알고 있는 지식과 지혜를 가르쳐 주어야 합니다. 그리고 넓은 세상의 여러 가지 정보들도 알려 주어야 합니다. 작은 가정만 있는 것이 아니라 세상이라는 대가족도 있다는 것을 알려주는 것입니다.

엄마는 사랑과 애정 그리고 다정한 성향들로 아이들을 대하겠지요. 아빠는 이와 더불어 바깥세상의 여러 가지 이야기들을 아이에게 해주어야 합니다.

엄마는 가정을 즐겁게 더 즐겁게 그리고 가장 즐겁게 만들어야 할 것이며 아빠는 아이들에게 바깥세상을 더 친밀하게 느끼도록 해주어야 합니다.

아빠는 아이들에게 가정에서 받아들여야 할 더욱 큰 다른 세계가 있다는 것과 가정이라는 작은 세계가 더 넓은 세계의 일부가 됨을 가르쳐야 합니다.

질문 ›› 아이를 바르게 양육하기 위해 부모들이 해야 할 일들을 알려 주십시오.

친모이 ›› 부모들은 제가 앞에서 언급했던 여러 임무들을 수행하여야 합니다. 이와 더불어 엄마 아빠는 무엇을 하든지 기쁘게, 전심으로, 헌신적으로, 지치지 않고 꾸준히 그리고 조건 없이 행해야 합니다. 이것이 자녀를 만족스럽게 키울 수 있는 유일한 길입니다.

질문 ›› 어떻게 하면 제가 좋은 아내, 좋은 엄마가 될 수 있습니까?

친모이 ›› 우선 당신의 남편과 아이의 내면에 신이 계시다는 사실을 깨달아야 합니다.

당신은 남편과 아이를 인간적인 정에 의해서 사랑하기 십상입니다. 그러나 그보다는 모든 사람의 사랑의 대상이 되는 신께서 그들의 내면에 계시기에 사랑해야 하는 것입니다.

가정 내에서도 당신은 신의 현존을 느껴야 합니다. 곁에 있는 사랑하는 사람들 사이에서 신의 존재를 생생히 보고 느낄 수 있어야 합니다. 그럴 때 당신은 그들을 위해 모든 것을 해 줄 준비를 갖추게 된 것입니다.

때로 남편과 아이들을 위해 무엇인가 해주기는 하지만 마지못해 하는 때가 있습니다. 의무감으로써 하는 경우입니다.

그러나 당신이 신을 위해 어떤 일을 한다면 순수한 기쁨으로서 그 일을 하게 될 것입니다. 신께서 당신에게 어떤 일을 요구하실 때 이 일에 필요한 힘과 영감도 주시기 때문입니다.

그러므로 만일 당신이 남편과 아이들로부터 신의 존재를 보고 느낄 수 있다면 당신도 내면의 깊은 영적 감흥과 기쁨을 맛보게 될 것입니다.

이로 인해 당연히 당신은 좋은 아내, 좋은 엄마가 될 수 있게 됩니다.

질문 ›› 엄마와 아이 사이의 사랑도 소유욕에서 나오는 것은 아닌가요?

친모이 ›› 처음에는 엄마는 타인이 아이를 건드리는 것도 좋아하지 않습니다. 친구나 친척들 그리고 가까운 사람들만이 아이를 쓰다듬고 안아볼 수 있습니다.

엄마는 타인이 아이를 어루만지는 것이 마음에 내키지 않습니다. 아이를 자신의 소유로 생각하며 사람들이 아이를 쓰다듬거나 안게 되면 아이의 아름다움이 손상될지도 모른다고 생각하기 때문입니다.

그러나 그녀의 그러한 두려움 뒤에 숨어 있는 것은 무엇일까요? 그것은 아이에 대한 엄마의 맹목적인 사랑입니다.

만일 그녀의 사랑이 의식적인 것이라면 다음과 같이 생각할 것입니다.

'나는 이 아이의 엄마다. 그러나 다른 사람들이 이 아이를 보듬어 보는 것을 허용하자. 아이는 신의 피조물이며 신이 주신 것이니 또 다른 신의 피조물인 다른 아이들이 어린 동생을 보며 즐거워하는 것도 허용하자.'

4~5년이 지난 후 엄마는 아이를 유치원에 데리고 갑니다. 엄마는 자신 외에도 아이를 똑같이 사랑해 주는 사람들에게 아이를 맡기게 되면서 아이에 대해 더 폭넓게 이해하게 됩니

다. 이윽고 그녀는 아이를 학교에 보내게 되고 고등학교를 거쳐 대학에 이르게 됩니다.

7~8세의 어린이에게는 엄마가 그들 세계의 전부입니다. 사랑이라는 말은 곧 엄마를 의미합니다. 몇 년이 지나 친구들과 같이 놀이를 즐기게 되면서 아이가 사랑하는 대상은 조금 더 확장됩니다. 학교와 대학에서 공부하게 되면 그 사랑의 대상은 국가로 크게 확장됩니다. 급기야는 어느 날 자신이 하나의 국가에 속한 것일 뿐만 아니라 세계시민의 일원이라는 자각에 이르게 됩니다.

그의 자각은 계속 깊어지고 넓어지면서 궁극에는 자신이 우주적인 존재임을 깨닫게 됩니다. 그리하여 신이 창조하신 모든 것을 사랑의 대상으로 삼는 단계에 이릅니다.

아이는 육신의 어머니를 사랑하는 것에서 시작합니다. 그 사랑은 점차적으로 창조주이자 우주의 어머니이신 신에 대한 사랑으로 확장되는 것입니다.

질문 ›› 부모가 한 사람 밖에 없다는 사실이 아이에게 좋지 않은 영향을 주는 것인가요? 만일 그렇다면 어떻게 해야 하나요?

친모이 ›› 부모가 한 분밖에 없을 경우 아이가 이로 인해 영향을 받는 것은 흔히 있는 일입니다. 아이들은 당연히 엄마 아빠 둘 다 있기를 원하니까요. 그래야 가정의 완전함을 느끼게 됩니다. 그러나 우리는 혼자가 된 엄마나 아빠가 엄마 아빠 두 사람 몫의 사랑을 아이에게 베푸는 것을 볼 수 있습니다. 혼자인 부모는 그렇게 할 수 있도록 힘써야 합니다.

질문 ›› 혼자인 부모들에게 어떤 충고를 해주고 싶으십니까?

친모이 ›› 이혼 등의 사유로 혼자가 된 부모들에게 우선 하고 싶은 말이 있습니다.

아이들 앞에서 헤어진 배우자를 비난하거나 욕해서는 안 된다는 점입니다. 아이들이 이에 영향을 받아서는 안 됩니다. 아이들이 그들 가슴의 소리에 따르도록 하십시오. 엄마 아빠 둘 다 좋은 분이라는 것을 아이가 느끼도록 하십시오. 그들의 가슴이 자석처럼 엄마 아빠의 좋은 점을 끌어당기도록 하십시오. 엄마 아빠는 의식적으로든 무의식적으로든 배우자에 대한 적대감을 아이 앞에서 나타내어서는 안 됩니다.

부모들은 이혼을 했을 경우에 매우 조심해야 합니다. 이 경우 아이들에게 각별한 관심을 기울여야 합니다. 왜냐하면 가정이 깨어지면 아이들의 의식체계도 분열되기 때문입니다.

누구에게 책임이 있나요? 전적으로 부모에게 있습니다. 따라서 부모들은 이러한 상황들을 바로잡기 위한 조처를 취해야 합니다. 더 많은 사랑, 더 풍부한 사랑을 줌으로써 부모의 결별이 그들에 대한 애정과는 관계가 없다는 것을 보여 주어야 합니다.

결국 가장 중요한 것은 역시 사랑입니다. 부모들은 아이들에게 무한한 사랑을 베풀어야 하는 것입니다.

질문 ›› 나쁜 엄마가 자식을 훌륭히 키울 수도 있나요?

친모이 ›› 가능합니다. 그러나 대단히 어렵습니다.

아이들은 엄마에 의해 길러집니다. 만일 엄마가 어린아이에게 그가 쓸모없는 존재라는 식의 부정적인 자의식을 주입시켜 놓으면 아이는 자연히 자책감 속에서 살아가게 됩니다.

대부분의 경우에 아이는 삶의 활력을 어머니로부터 얻습니다. 나쁜 엄마로부터 활력을 얻기는 어려운 일입니다.

질문 ›› 만일 당신의 아이가 지나치게 활동적이고 에너지가 넘쳐 당신을 괴롭힐 정도라면 어떻게 하시겠습니까? 아이를 타이르려고 해도 아이는 말뜻을 알아듣지 못합니다. 이런 아이를 어떻게 진정시키시겠습니까?

친모이 ›› 우선 영적인 음악을 들려주겠습니다.

만일 아이가 지나치게 활동적이어서 성가시게 군다 해도 아이는 음악을 친구처럼, 자기에게 이야기를 들려주는 친구처럼 대하게 될 것입니다.

아이가 영적인 음악을 들을 때 당신은 아이가 음악과 함께 놀고 있는 것을 볼 것입니다. 아이는 마치 자신처럼 활력에

넘쳐있는 또 하나의 친구가 옆에 있는 것처럼 느끼게 될 것입니다. 따라서 두 아이가 함께 놀고 있는 동안 엄마는 다른 방에 들어가 기도와 명상에 전념할 수 있습니다. 음악이 최상의 방편입니다.

질문›› 14세 된 딸에 대한 근심 걱정 때문에 불행한 느낌을 갖게 됩니다.

친모이›› 당신의 딸아이를 대신해서 이 질문에 답변하고 싶습니다.

우선 14년 전에는 당신의 딸이 옆에 없었다는 사실을 한번 생각해 보십시오. 그리고 당신은 그녀보다 먼저 다른 세상으로 갈 것입니다.

당신의 딸을 망고나무에서 따낸 망고 열매로 비유해 봅시다. 당신은 이 열매를 영원히 간직할 수는 없겠지요. 60~70년이 지나면 그녀는 만물의 근원이신 신께로 돌아가게 됩니다. 그러고 나면 당신은 더 이상 그녀에 대한 부모로서의 권리를 요구할 수 없게 될 것입니다. 우리는 우리와 영원히 함께 있을 것에 대해서만 권리를 요구할 수 있습니다.

 그와 동시에 당신의 근심하는 마음이 에너지가 되어 그녀에게 침투됩니다. 그 영향으로 인해 더욱 좋지 못한 상황들이 전개됩니다. 근심 걱정을 지나치게 한다는 것 자체가 부정적인 힘입니다.

딸아이가 집에 없는 동안 당신은 집안에 앉아 딸에 대해 근심한다고 가정해 봅시다. 이렇게 되면 당신의 근심은 탄환처럼 날아가 딸아이에게 파고들 것입니다. 그것은 근심이라는 형태로 딸에게 파고드는 것이 아닙니다. 무언가 다른 좋지 못한 것으로서 침투하게 되는 것입니다. 즉 배가 아프다든가 다른 신체적 고통을 느끼게 됩니다.

그러므로 당신이 근심한다든가 화를 내게 되면 당신이 느끼는 불행감이 딸에게 스며들어 여러 가지 불행한 결과를 초래하게 될 것입니다.

당신이 딸에게 꼭 필요한 존재는 아니라는 것을 깨닫게 되어야 당신이 행복하게 될 수 있음을 말해주고 싶습니다. 지고

한 신 한 분만이 필요불가결한 존재입니다. 이러한 느낌을 지니게 되는 순간 당신은 행복하게 될 것입니다.

당신은 소중한 딸에게 매순간 선의를 보낼 책임이 있습니다. 근심이나 분노, 마음의 동요 같은 것은 결코 도움이 되지 못합니다.

03
어린이의 영적인 성장

어린이처럼 자연스럽게

어린이는 자연스럽습니다.

억지로 무엇을 구하지도 않고

다른 누구, 다른 무엇이 되려고도 하지 않지요

어린이는 자연스럽게 신을 닮아갑니다.

아이는 태어나는 순간부터 영적으로 양육되어야 합니다.

아이가 태어나 첫울음을 터뜨리는 순간 어머니는 아이의 우는 이유를 한번 생각해 보아야 합니다. 무지의 바다와 같은 이 세상에 온 아이가 두려움을 느끼고 있는 것인가? 아니면 이 세상으로 오기 전 그가 살던 세계에서 맛보던 기쁨과 빛을 상실한 슬픔으로 인해 울고 있는 것일까?

아이를 놀라게 한 것이 무지 때문이라고 생각됩니까? 그렇다면 마음속으로 조용히 이 무지의 바다 속에서의 삶은 그다지 길지 않으며 머잖아 지혜의 바다에서 큰 기쁨을 누리게 될 것이라고 아이에게 속삭여 주어야 합니다.

만일 아이가 우는 이유가 천국의 빛으로부터 분리된 까닭인 것으로 이해된다면 마음속으로 조용히 신은 하늘에만 계시는 것이 아니라 이 땅 위에도 계신다는 사실을 알려주어야 합니다.

어머니는 아이에게 신께서 특별한 목적을 달성시키기 위하여 아이를 이 땅에 보내셨다는 사실도 말해 주어야 합니다.

어떤 경우에도 어머니는 아이의 내면의 실재인 영혼을 대상으로 하여 말해야 합니다.

당신은 매우 이른 시기에 즉 아이가 6개월쯤 되었을 때부터 영적인 교육을 시작할 수 있습니다. 아마 아이는 말도 제대로 못하겠지만 예컨대 당신이 기독교인이라면 예수님의 사진을 보여줄 수 있을 것입니다. 신은 아름다움을 통해 자신을 나타내시니 아이에게 꽃과 같은 예쁜 것을 보여줄 수도 있습니다.

아이는 꽃의 아름다움을 느낄 수 있습니다. 그 순간에는 그

꽃 자체가 아이에게는 신이 됩니다.

아이가 성장하여 말을 할 수 있게 될 정도가 되면 기도를 하는 동안 '신'이라고 몇 차례 소리내어 보도록 합니다. 점점 나이가 들면서 아이는 더 높은 수준의 명상훈련을 받을 수 있게 되겠지요.

당신이 아이에게 올바른 진리를 깨닫게 해줄 때에 당신은 아이에게 유일한 참다운 자유를 누리게 해주는 것입니다. 자유라고 하는 것이 타인에게 멋대로 행하는 것도 아니겠고 방랑자처럼 쏘다니는 것을 뜻하지도 않습니다. 참다운 자유는 신께서 우리에게 원하시는 바를 행하는 데 있습니다. 그것이 자유입니다.

신께서는 빛이시며 자유이십니다. 우리가 신에게 귀기울일 때 그때에만 우리는 참다운 자유를 맛보게 됩니다.

때때로 부모들은 추상적으로 여겨지는 기도와 명상을 어떻게 아이들에게 설명해 줄 수 있는가를 물어 옵니다. 그러나 어른들에게는 기도나 명상이 추상적이지 않습니다.

기도할 때 우리는 손을 모으고 위에 계신 또는 내면에 계신 어떤 대상을 향해 소리쳐 탄원합니다. 당신이 아이에게 기도에 대해 설명해 주고 싶다면 단지 어떤 신체적인 동작을 취하는 것으로 가르치려고 하지 마십시오. 아이에게 기도라는 것이 단순히 손을 모으고 하늘을 쳐다보는 것과는 전혀 다른 것이라는 것을 말해 주어야 합니다.

기도라는 것이 내면에서 발산되는 가슴의 울림이며 그 울림을 보거나 느끼기를 원할 때 손을 모아야 한다는 것을 가르쳐 주십시오. 아이에게 기도라는 것이 손모아 신에게 기도할 때 얻게 되는 어떤 신성한 느낌임을 말해 줄 수 있습니다.

그리고 나서 만일 아이가 손을 모았을 때 내면에서 어떤 느낌을 갖는다면 그것이 두려움이든 사랑이든 행복감이든 온화한 느낌이든 상관없이 아이에게 기도는 더 이상 추상적인 것으로 느껴지지는 않을 것입니다. 이제 기도는 실제적인 것이 됩니다.

명상하기 전 아이는 조용히 편안하게 자리에 앉아야 합니다. 그렇게 앉게 되면 곧 아이는 자신이 명상에 들어가기 시작함을 느끼게 됩니다. 아이는 이러한 구체적인 자세를 취하면서 본래 추상적으로 여겨졌던 것들을 이해할 수 있게 될 것입니다.

당신은 외적인 행위를 통해 아이를 가르치면서
도 내적인 느낌을 강조해야 됩니다. 아이들이 기쁨, 평화, 사랑을
느끼기 시작하고 명상의 힘에 의해 점차 변화되어 간다면 그들은
더 이상 추상적인 차원에 머물러있지 않을 것입니다.

아이는 자신을 육체와 동일시하므로 그의 육체는 그에게 추
상적이지 않습니다. 아이는 자신이 동일시하는 것은 모두 그 자
신의 것이라고 생각합니다.

만일 아이가 자신이 드리는 기도나 명상과 일체가 되어 하나
됨을 느낀다면 그는 평화와 기쁨 그리고 사랑을 맛보게 될 것입
니다. 그리고 일단 이러한 것을 느낄 때 그는 이들에게 나름대로
의 형태를 부여하게 되기에 그 평화와 사랑은 구체성을 띠기 시
작하게 됩니다.

기도와 명상은 두 줄기의 길과 같습니다.

기도는 언제나 우리 자신을 위해, 우리 자신의 인생을 위해
그리고 우리의 곁에 있는 가까운 사랑하는 사람들을 위해 행해집
니다. 그러나 명상은 전체 세계를 위해 하는 것입니다.

우리가 명상수련을 바르게 할 때 자신의 더 큰 실재와 일체감을 느끼게 되며, 우리 자신뿐 아니라 모든 세상을 충족케 하는 느낌을 지니게 됩니다. 기도도 필요하고 명상도 필요한 것입니다.

기도할 때 나는 말하고 아버지이신 신께서는 들으십니다. 명상할 때 아버지이신 신께서는 말씀하시고 나는 듣습니다. 기도할 때 우리는 신을 향해 올라가는 것이며 명상할 때 신께서 우리를 향해 내려오십니다. 궁극적으로는 같은 것이지요.

어려서부터 우리는 신에게 모든 것을 해달라고 기도하도록 배웠습니다. 우리의 부모들은 우리에게 기도를 가르치지만 무엇을 위해 기도해야 할지는 잘 가르치지 않았습니다. 그들은 '신에게 네가 원하는 모든 것을 달라고 기도해라.' 하고 말합니다. 이 말을 듣고 우리는 기도하기 시작합니다.

'오, 신이여, 제발 이번 시험에서 1등이 되게 해 주소서.'

'오, 신이여, 달리기 대회에서 우승하게 해 주소서' 등등······ 이런 식의 기도는 끝이 없습니다. 이런 기도 대신 부모들은 아이들에게 다음과 같이 가르쳐야 합니다.

"너의 마음을 평온하고 고요하게 해 달라고 기도해라. 모든 곳에서 평화와 축복을 맛보게 해 달라고 가슴으로 간구해라."

그러나 유감스럽게도 부모들은 그들의 자녀들에게 이와 같이 가르치지를 않아 아이들은 아주 어려서부터 어리석은 방식으로 기도를 하게 됩니다. 물론 신에 대해 무관심한 것보다는 어리석은 방식으로라도 신께 간구하는 것이 훨씬 낫기는 합니다.

이보다 더 좋은 것이 명상입니다.

아이들은 명상하는 법을 배우게 되면 신께 자신의 욕망을 충족시켜 달라는 식의 태도를 보이지 않게 됩니다. 당신은 아이들에게 이렇게 가르쳐야 합니다.

"명상을 하면 너의 마음이 평온하고 고요해질 것이다. 너는 무한한 신과 완전한 일체감을 느끼게 될 것이며 신께서는 너의 친구가 되어 주심을 느끼게 될 것이다."

질문»　　부모는 아이가 품는 열망에 대해 책임이 있나요?

친모이»　　그렇습니다. 부모는 아이의 열망에 대해 책임이 있습니다.

아주 어릴 때부터 부모는 아이에게 신에 대한 책을 읽어줄 수 있습니다. 또 부모는 아이에게 읽기를 가르칠 수도 있고 아이에게 영적인 책을 주어 읽도록 할 수도 있습니다.

부모는 아이에게 기도와 명상하는 법을 가르쳐야 하며 아이의 친구들의 영적인 수준도 살펴보아야 합니다.

질문 ›› 제가 아이에게 해줄 수 있는 가장 좋은 것이 무엇입니까?

친모이 ›› 지고한 존재의 이름을 매일 발음해 들려주는 것입니다. 이른 아침 아이 앞에서 '지고의 존재(Supreme)'라는 발음을 일곱 차례 반복해 들려줍니다.

당신의 손을 아이의 가슴에 가볍게 올려놓고는 '지고의 존재'를 매우 정성스럽게 되풀이하여 들려줍니다. 저녁에도 이를 반복합니다. 이것이 아이에게 해줄 수 있는 가장 좋은 일입니다.

아이가 말을 배울 때가 되면 우선 '지고의 존재'라는 말을 하도록 가르치십시오. 그 말을 할 수 있으면 이제 아이는 기도를 시작할 수 있는 것입니다.

아이는 당신을 모방하며 대단히 빠르게 발전할 것입니다.

만일 부모가 함께 기도와 명상을 한다면 아이를 다른 방에 남겨두지 말아야 합니다. 아이는 부모가 하는 행위를 관찰해야 합니다. 만일 부모가 언제나 바른 행위와 영적인 생활을 하게 되면 아이는 이를 모방할 것입니다.

만일 엄마가 우유를 마시면 곧 아이도 우유를 마시게 될 것입니다. 부모가 하는 대로 아이는 배웁니다. 부모가 발전하면 자연스레 아이도 역시 발전하게 됩니다.

질문 ›› 왜 당신은 신의 명칭으로 '지고의 존재(Supreme)'이라는 용어를 쓰도록 권장하십니까?

친모이 ›› 모든 종교들은 동일한 신을 신봉하면서도 그 명칭에서는 표현을 달리합니다. 한 사람을 예로 들어봅시다.

그 사람이 아버지라고 불릴 때가 있는가 하면 형이나 아저씨라고 불릴 때도 있습니다. 회사에 나가면 그는 성으로 불릴 것이며 친구 사이에서는 성이 아닌 이름으로 불릴 것입니다. 그는 같은 한 사람이건만 경우에 따라 달리 불리게 됩니다.

이와 마찬가지로 신도 각 개인의 선호에 따라 다양한 명칭으로 불립니다. 신(God)이라는 말 대신에 나는 '지고의 존재(Supreme)'라는 용어를 즐겨 사용합니다. 그 표현이 우리에게 친밀한 느낌을 준다고 보기 때문입니다.

흔히 우리가 신이라고 말할 때 그 신은 어떤 고정적인 높이를 지니고 있는 분이라는 느낌을 받게 됩니다. 즉 신께서 최상의 더 이상 위가 없는 높은 신성에 도달해 계시고 그 높이에서 멈추어 있는 것과 같은 느낌을 받습니다. 이와 같은 신의 개념에는 '영속적인 진화'라는 의식이 없습니다.

그러나 '지고의 존재'라는 표현에는 절대적인 높이에 도달해 있는 존재라는 의미뿐 아니라 언제나 현상을 넘어서는 존재, 심지어는 지고의 경지도 넘어서고 초월하는 존재로서의 의미도 지니고 있는 것입니다.

질문 ›› 아이가 '신은 누구신가요? 하고 물어올 때 어떻게 답변해야 합니까?

친모이 ›› 아이에게 신에 대해 설명할 때 신이 마치 나이 많은 노인인 것처럼 이야기하지 마십시오.

신이 같은 또래의 대상인 것처럼 아이가 느끼도록 해야 합니다. 아이가 3살이라면 그 아이에게는 신도 역시 3살입니다. 아이에게 신은 좋은 친구이며 영원한 친구라고 말해 주십시오. 그 신을 맞을 준비를 하라고 말하십시오. 신께서는 그의 가장 친한 좋은 친구로 오실 것이니 아이가 행동을 바르게 해야 함도 일러주십시오.

그러나 최상의 답변은 아이에게 거울을 보고 할 수 있는 한 정성스럽게, 예쁘게 웃어보라고 말해 주는 것입니다. 물론 아이는 '정성스럽게'라는 말뜻을 이해하지 못할지 모르나 어떻게 하면 예쁘게 보이는지는 쉽게 알 것입니다.

아이에게 예쁘게 웃으며 자신을 바라보라고 일러주십시오. 아이는 평상시의 웃음과 아름다운 웃음이 어떻게 차이가 나는지를 알게 될 것입니다. 그 미소가 아름다울수록 그의 신성이 더욱 드러나는 것입니다.

어른들은 기도나 명상을 해야 신성의 의식이 드러나지만 아이들은 쉽게 이에 도달할 수 있습니다. 아이가 미소를 지으며 아름답게 빛나고 있는 자신을 바라보고 있을 때 당신은 아이에게 그 아이가 다름 아닌 신을 바라보고 있음을 상기시켜 주는 것입니다.

신은 누구일까요?

신은 우리 자신의 가장 높은 실재입니다. 만일 당신이 정성스런 미소를 보내면 그 미소가 곧 당신과 세계 전체를 밝게 비추게 되는데 그 미소가 바로 신에 다름 아닌 것입니다.

아이가 가장 아름다운 미소를 짓도록 하십시오. 그 미소가 온 천지에 충만케 하십시오. 이것이 어린이가 신을 알고 이해할 수 있게 하는 가장 효과적이고도 쉬운 방법입니다. 동시에 이 방법은 진실하기도 합니다. 이 방법은 아이에게 좋은 결실을 가져올 것입니다.

질문 ›› 아이에게 신을 쉽게 설명해 줄 수 있는 가장 좋은 방법이 무엇입니까? 신은 사랑이시고 전지 전능하시다고 아이에게 이야기해야 하나요?

친모이 ›› 우리는 신이 모든 것이며 모든 것의 내면에 계시면서 또 모든 것을 초월해서 계신 것도 알고 있습니다. 이것이 신에 대한 우리의 철학적이고 정신적인 이해입니다.

그러나 나는 아이의 순수하고 천진난만한 영적인 견지에서, 즉 어린이 자신의 이해에 입각해서 신을 말해 보고 싶습니다.

어린이가 볼 때에 신은 누구일까요?

신은 관심을 베풀어주시는 분입니다. 어머니는 매일 자녀들에게 관심을 지닙니다. 그러나 엄마가 아무리 성의를 가지고 관심을 베풀려고 해도 하루 24시간 동안 아이에게 관심을 보일 수 있는 시간은 보통 두세 시간에 불과합니다.

엄마는 하루 내내 엄마로서의 애정을 보이고 싶겠지요. 그러나 아이가 아무리 소중하다 하더라도 엄마는 아이를 돌보는 일 외에도 온종일 해야 할 일들이 많을 수밖에 없습니다.

물론 아이가 아프기라도 한다면 엄마는 하루에 15시간~16시간 동안, 심지어 24시간 동안 아이에게 관심을 베풀 것입니다. 그러나 평상시에는 단지 몇 시간만 아이를 위해서 배려할 수 있을 뿐입니다.

하지만 신의 경우에는 이와 다릅니다. 신은 전심을 다해 끊임없이 우리에게 관심을 베풀어 주십니다. 우리는 이 땅에 60년이나 70년, 많으면 100년 정도 머물러 있으나 이것이 우리의 진정한 생명의 기간이 아닙니다.

우리의 본래 생명은 끝이 없습니다.

우리의 생명은 시작이 없는 과거에서 비롯되어 끝없는 미래로 이어집니다. 우리는 지금까지 여러 차례 육화를 거쳐 왔고 미래에도 수많은 육화를 경험하게 될 것입니다. 과거의 육화를 통해 우리는 여러 부모들을 만났습니다. 이번 생에서는 각각 한 분의 어머니와 아버지로부터 배려를 받고 있습니다. 이전에는 다른 부모들의 관심을 받았으며 미래에는 또 다른 부모로부터 사랑을 받게 될 것입니다.

그러나 우리는 태초부터 영원까지 변함없는 신의 크신 사랑과 보살핌을 받는 것입니다. 우리의 영혼을 창조하는 순간 신의 배려도 시작되었으며 그것은 영원토록 변함없이 지속될 것입니다. 모든 것에는 근원이 있는 법인데 관심과 배려의 근원이 되는 것은 일체감입니다.

예컨대 손가락을 다쳐 피를 흘리게 되면 나는 손가락에 관심이 집중됩니다. 왜 그렇지요?

나와 손가락이 하나이기 때문입니다. 당신의 아이에게 무슨 일이 생기면 당신은 아이와의 일체감으로 인해 아이에게 관심을 보입니다. 현재 병원에서 병으로 고통받으며 죽어가고 있는 사람들이 많이 있습니다.

그러나 당신이 그들을 알고 있다 하더라도 그들에게 그다지 많은 관심을 갖지 않을 수도 있습니다. 왜 그렇지요?

당신이 자신을 그들과 동일시하지 않아 일체감을 느끼지 못하기 때문입니다. 그러나 당신과 아이 사이에는 일체감이 있습니다. 그러하기에 관심과 배려의 근원에는 일체감이 있음을 깨닫게 됩니다. 가까이에 있는 사랑하는 사람들을 당신의 일부로 느끼기에 당신은 그들에게 관심을 쏟게 됩니다.

신은 모든 곳에 스며들어 그 속에 계시기에 모든 것과 일체
감을 지닙니다. 그 일체감으로 인하여 신께서는 모든 것에 그
크신 사랑과 배려를 베푸시는 것입니다.

04

부모의 명상 지도법

두 가지 목적

신은 당신을 두 가지 목적으로 창조하셨습니다.

하나는 신에게 진실해야 하는 일,

또 하나는 당신 자신에게 진실해야 하는 일입니다.

명상은 신의 언어입니다.

당신과 나는 영어로 서로 의사소통을 할 수 있습니다. 당신이 신과 대화하기를 원한다면 그 의사소통 수단이 명상인 것입니다. 명상은 인간과 신이 공통적으로 사용하는 언어입니다. 신도 인간도 명상을 통하여 의사를 소통합니다. 내면 깊이, 즉 가슴 깊은 곳으로 들어갈 때 당신은 신과 대화할 수 있습니다.

사고는 명상과 아무런 관계가 없습니다.

심지어는 심사숙고(reflection)라고 할지라도 그것 또한 심층적인 분석을 통한 일종의 사고 작용이기에 명상만큼 폭넓고 광대할 수는 없습니다. 사고를 시작하는 순간 당신은 스스로에게 제한을 가하고 굴레를 씌우기 시작하는 것입니다.

사고하는 순간은 달콤하게 느껴질지 모릅니다. 그러나 그 사고가 당신을 제약하고 굴레를 씌우는 까닭에 결국은 고통스럽고 해로우며 파괴적인 것이 되고 맙니다.

사고하는 마음속에 실재는 존재하지 않습니다.

사고를 통해 한순간에는 성을 쌓다가 다음 순간에는 부셔버리게 됩니다. 사고하는 마음에는 좁은 자아에서 비롯되는 목표가 있기 때문입니다.

그러나 영적인 생활을 함으로써 당신은 마음을 넘어서 영원한 평화와 지혜 그리고 빛이 있는 곳으로까지 높이 고양되어야 합니다. 열망과 명상에 힘입어 사고를 초월하게 될 경우에 비로소 당신은 신의 존재와 그 신께서 제시해 주시는 비전을 깨달을 수 있습니다.

이와 같은 깨달음으로 인해 당신은 참된 기쁨을 맛볼 수 있게 될 것입니다.

명상의 시작

명상을 시작할 때에는 당신이 마치 어린이인 것처럼 느끼도록 하십시오.

어린이의 경우 아직 마음은 발달되지 않은 상태입니다. 그러나 12~13세가 되면 마음이 지적인 측면에서 작용하기 시작합니다. 그 이전까지는 아이는 가슴에 의해서만 움직입니다. 어린이는 그 자신이 아무것도 아는 것이 없다고 느낍니다. 그는 명상이나 영적인 생활에 대해 아무런 선입견도 지니고 있지 않습니다. 그는 부모로부터 새로운 일들을 배우려고 합니다.

우선 당신 자신을 어린이로 여기고 당신이 마치 꽃밭에 서 있는 것처럼 연상하십시오. 이 꽃밭은 당신의 가슴입니다. 아이는 꽃밭에서 여러 시간 동안 놀 수 있습니다. 아이는 이 꽃 저 꽃으로 옮겨 다니며 정원을 떠날 줄을 모릅니다. 꽃들의 아름다움과 향기에 취한 까닭입니다.

당신의 내면에는 정원이 하나 있는데 당신이 원하는 만큼 정원에 머무를 수도 있고 이곳에서 명상을 배울 수도 있습니다. 만일 당신이 가슴속에 머무를 수 있다면 당신은 내면에서 분출되는 간절한 부르짖음을 듣게 될 것입니다. 이러한 내면의 울부짖음이 곧 열망이며, 이 열망이야말로 불가사의한 명상의 신비를 푸는 열쇠입니다.

다 큰 어른이 울 때에 그의 울음은 항상 진실한 본심에서 비롯되는 것은 아닙니다. 그러나 아이가 울 때에는 비록 그가 사탕을 달라고 운다고 할지라도 그의 울음은 긴박한 필요에서 나오는 진실한 울음입니다. 이 순간에는 사탕이 아이가 원하는 것의 전부입니다. 이때 아이에게 큰돈을 쥐어 주어도 그는 좋아하지 않을 것입니다. 그는 오직 사탕만을 원합니다.

자, 이제 이런 아이가 울며 보챘으니 어떤 일이 발생할까요?

엄마 아빠가 즉시 달려와 아이에게 사탕을 주어야 할 것입니다.

가슴 깊이 평화와 빛 그리고 진리를 열망하십시오. 오직 열망할 때에만 당신이 만족할 만한 결실을 얻을 수 있다는 사실을 깨닫도록 하십시오. 그럴 때 당신의 영원한 아버지이시며 어머니가 되시는 신께서 당신의 열망에 응답하실 것입니다.

영적인 연습

초보자가 해볼 수 있는 몇 가지 연습이 있습니다.

영적인 구도자가 습득해야 할 가장 중요한 덕목은 단순성, 진실성, 순수성 그리고 확실성입니다.

당신에게 마음의 평화를 지닐 수 있도록 해주는 것이 단순성입니다.

당신을 신의 일부로 느끼게 하고 신께서 언제나 당신을 지켜주신다고 믿게 해주는 것이 진실성입니다.

매순간 신께서 당신 내면에서 성장하고 빛을 발하며 스스로를 충족시키고 있음을 느끼도록 해주는 것이 순수한 가슴입니다.

명상이야말로 절대적으로 옳은 것이라고 믿도록 만들어 주는 것이 확실성입니다.

마음 깊은 곳으로부터 조용히 '순수성'이라는 말을 일곱 번 반복하고 머리 윗부분인 정수리에 집중하십시오.

그리고 나서 '진실성'이라는 용어를 가슴속으로부터 일곱 차례 조용히, 정성스럽게 반복하고는 당신의 가슴에 집중하십시오.

그리고 나서 '순수성'이라는 말을 배꼽 중앙이나 그 안쪽으로부터 일곱 차례 되풀이하고는 그 배꼽 중앙 부분에 집중하십시오. 이 일을 하되 조용히 그리고 지극히 정성스럽게 행하십시오.

그리고 나서는 양 눈썹 사이의 약간 윗부분에 있는 제3의 눈에 주의를 집중하고 '확실성'이라는 말을 조용히 일곱 차례 되풀이하십시오.

그 다음 손을 머리 위에 올려놓고 '나는 단순하다', '나는 단순하다', '나는 단순하다'라고 세 번 반복하여 말하십시오.

그리고 나서는 손을 가슴에 올려놓고는 '나는 진실하다'라는 말을 세 번 반복하십시오.

그리고 같은 방식으로 배꼽 중앙 부분에 손을 올려놓고는 '나는 순수하다'를 세 번, 제3의 눈 위에 올려놓고는 '나는 확실하다'를 세 번 반복하십시오.

이제 당신이 신의 특정한 면, 예컨대 '사랑'으로서의 신을 선호한다면 가슴속으로 정성스럽게 '사랑'이라는 말을 되풀이하십시오. 사랑이라는 말을 정성스럽게 반복하여 중얼거릴 때에 그 말이 당신의 가슴속 깊은 곳에서 '사랑, 사랑, 사랑' 하고 울려퍼짐을 느끼십시오.

당신이 평화를 더 좋아한다면 마음속으로 '평화'라는 말을 반복하여 자신에게 들려주는 것입니다.

이렇게 하는 동안 이 말이 나타내는 우주적인 메시지를 듣고 그 의미를 느껴보도록 노력하십시오. '평화'라는 음향이 가슴 가장 깊은 곳에서 울려퍼지는 것을 느끼십시오.

만일 당신이 빛을 원한다면 '빛'이라는 말을 정성스럽게 반복하면서 당신이 실제로 빛으로 화하는 느낌을 지니도록 하십시오. 당신의 발바닥으로부터 정수리까지 당신이 반복하고 있는 말 그 자체가 되는 것을 느끼십시오. 당신의 육체와 신경 조직이 사랑과 평화 그리고 빛으로 넘침을 느끼도록 하십시오.

당신이 연습해 볼 만한 동작이 또 하나 있습니다.

숨을 들이쉬고 잠시 동안 멈추고는 당신이 제3의 눈 속에 그 숨과 생명 에너지를 지니고 있는 것처럼 느껴보십시오. 이곳이 당신의 집중이 이루어지는 곳입니다.

두 번째로 숨을 들이쉴 때에는 그 생명의 에너지가 가슴 중앙부에 집중되어 있는 것처럼 느끼십시오.

세 번째로 숨을 들이쉴 때는 배꼽 중앙부에서 유지하는 것으로 느끼십시오. 이것 또한 당신에게 도움이 될 것입니다.

아이는 자신에게 의존하지 않습니다. 오직 어머니의 능력에만 의지합니다. 이와 더불어 아이는 자기가 지니고 있는 작은 힘을 엄마에게 주기를 간절히 원합니다. 그의 작은 힘은 곧 그의 믿음의 힘입니다. 엄마에 대한 믿음이 곧 자기 자신에 대한 믿음이 되는 것입니다.

한 아이가 길을 잃고 울고 있다고 생각해 봅시다. 어떤 친절한 사람이 아이에게 집으로 돌아가는 길을 알려주겠지요.

당신이 폭풍이 부는 거리에서 길을 잃고 있다고 생각해 보십시오. 의심, 걱정, 근심, 두려움, 불안이 몰려옵니다.

그러나 만일 당신이 어쩔 도리가 없어 속절없이 울고 있다면 어떤 사람이 다가와서 당신을 구해줄 것이며 당신의 집, 즉 당신의 가슴속으로 되돌아가는 길을 가르쳐줄 것입니다.

그 어떤 사람이 누구입니까? 바로 내면의 안내자이신 신입니다.

모든 사람들은 다 자신에게 적합한 명상법이 있게 마련입니다. 나의 명상하는 법이 당신에게 적합하지 못할 수 있으며, 당신의 명상법이 내게 알맞지 않을 수도 있습니다. 많은 사람들이 명상을 하면서도 좋은 결실을 얻지 못하는 것은 그들에게 적합한 명상법을 찾지 못했기 때문입니다.

만일 당신을 인도해 줄 영적인 스승이 없다면 당신은 내면으로 깊이 들어가 가슴 가장 깊은 곳에서 명상을 수행해 나가야 합니다. 내면으로 깊이 깊이 들어가 당신이 어떤 목소리와 생각 또는 관념을 얻게 되었는지를 살펴보십시오. 그리고 나서 이 목소리나 생각에 깊이 몰입하여 이것들이 당신에게 내면적인 기쁨과 평화로운 느낌을 주고 있는지를 살펴보십시오.

만일 당신이 이런 종류의 느낌을 얻었다면 당신이 들었던 그 목소리가 당신의 영적인 생활에 도움이 될 수 있는 참된 내면의 소리라는 사실을 알 수 있습니다.

처음에는 명상을 한다는 생각조차 하지 말아야 합니다.

그저 조용히 평온하게 보낼 수 있는 약간의 시간을 마련해 놓는 것입니다. 이 시간은 그 누구도 아닌 당신의 내면적 존재에게 바쳐야 할 시간으로 작정하는 것입니다.

필요한 것은 일정한 시간에 규칙적으로 실천하는 일입니다.

당신은 매일 식사를 합니다. 그렇게 함으로써 생명을 유지합니다. 어제 먹은 음식으로 오늘을 지탱할 수 없습니다. 마찬가지로 당신은 매일 자신의 영혼을 먹여야 합니다. 매일 식사를 하면 그 규칙적으로 섭취하는 영양분으로 인해 강건해집니다.

마찬가지로 매일 명상을 계속하면 당신의 영혼도 강건하게 될 것입니다.

명상을 위한 준비

당신이 집에서 명상을 한다고 합시다.

그럴 때 아주 조용하고 신성한 분위기를 느낄 수 있는, 명상하기에 적합한 장소를 집안에 마련해 놓아야 합니다.

이곳에 당신이 영적인 스승으로 모시는 분, 예컨대 예수나 부처와 같은 성자들의 사진이나 초상화를 걸어놓아도 좋습니다.

명상을 시작하기 전에 목욕이나 샤워를 하는 것도 좋습니다. 의식의 정화를 위해 신체의 정화는 절대적으로 필요합니다. 목욕이나 샤워를 하기가 어려울 때는 적어도 얼굴과 손발 정도는 씻는 것이 좋습니다.

깨끗하고 가벼운 옷을 입는 것도 권장할 만합니다.

향을 사르거나 꽃을 장식하는 것도 도움이 됩니다.

명상중에는 꽃이 필요 없다고 말하는 사람들이 있습니다. 그들은 '꽃은 내면에 있다. 수많은 연꽃 잎들이 그대의 내면에 있다.'라고 말합니다. 그러나 당신 앞에 놓인 실물의 꽃은 당신에게 내면의 꽃을 연상시켜 줍니다. 그 색깔, 향기 그리고 순수한 느낌은 당신에게 어느 정도의 영감을 줄 수 있습니다. 그 영감으로 인해 당신은 열망을 지니게 되고 그 열망의 결실로서 깨달음도 얻게 되는 것입니다.

명상중에 촛불을 사용하는 것도 이와 비슷합니다. 양초에서 나오는 불빛 그 자체가 당신에게 열망을 불러일으키는 것은 아닙니다. 그러나 눈앞의 불꽃을 접하게 됨으로써 당신은 곧 내면의 불꽃도 높게 더 높게 날아오르는 것을 느끼게 됩니다.

향내를 맡을 때 당신은 매우 미세한 영감이나 정화된 의식만을 느끼게 될지라도 이 또한 내면의 보물을 얻는 데 도움이 될 수 있습니다.

명상중에는 척추를 곧바르게 하고 신체의 긴장을 풀어야 합니다. 신체가 경직되면 명상을 통해 유입되는 신성하고도 충만한 느낌들이 방해를 받습니다. 육체적으로 불편을 느껴서는 안 됩니다. 불편을 느끼게 되면 자연히 자세가 바뀔 것입니다.

명상하는 동안 당신의 내면의 존재는 자연스럽게 당신이 취해야 할 편안한 자세를 알려줄 것이며 당신은 그 자세를 유지하면 되는 것입니다.

가부좌의 가장 큰 이점은 척추를 똑바로 곧게 펴는 데 도움이 된다는 것입니다. 그러나 그 자세가 신체를 언제나 편안하게 해 준다고 볼 수는 없습니다. 그러므로 가부좌가 명상을 위해 꼭 필수적인 것은 아닙니다.

많은 사람들이 의자에 앉은 상태에서도 명상을 잘 하고 있습니다. 신체적인 운동이나 특정한 자세를 연습하는 사람들도 있습니다.

이러한 운동들은 하타 요가*라고 불리는 데 신체를 이완시켜 주고 잠시 동안 마음의 안정을 가져오기도 합니다.

침착하지 못한 사람, 조용히 앉아 있기가 힘든 사람들에게는 이러한 운동들이 확실히 도움이 될 것입니다.

그러나 하타 요가가 명상을 위해 필수적인 것은 결코 아닙니다. 하타 요가를 행하지 않고도 많은 수행자들이 조용히 앉아 그들의 마음을 평온하게 그리고 고요하게 할 수 있는 것을 보게 됩니다.

적절한 호흡

호흡은 명상수행에서 대단히 중요합니다.

호흡은 가능한 한 천천히 조용히 해야 합니다. 그래서 당신의 코앞에 가느다란 실을 갖다 대어도 그 실이 움직이지 않을 정도가 되어야 합니다.

그리고 숨을 내쉴 때에는 들이쉴 때보다 더욱 천천히 해야 합니다.

할 수 있다면 첫 번째 호흡과 두 번째 호흡 사이에 약간의 멈춤이 있게 하십시오. 몇 초 동안 숨을 유지한 채로 멈춰 있으십시오. 그러나 이것이 힘들면 하지 않아도 좋습니다. 신체나 호흡기

관에 무리가 되는 행위는 결코 해서는 안 됩니다.

호흡을 할 때 제일 먼저 '순수'를 생각하십시오.

숨을 들이쉴 때 그 호흡이 신으로부터 직접 들어오는 것으로, 그리고 그 호흡을 순수 그 자체로 느낄 수 있다면 당신의 호흡은 쉽게 안정될 수 있습니다.

그리고 나서 숨을 들이쉴 때마다 당신의 신체 내에 평화가 스며드는 것을 느끼십시오. 평화의 반대는 불안입니다. 숨을 내쉴 때는 당신이 겪고 있는 모든 불안을 내뱉어 버린다고 생각하십시오.

이런 식으로 호흡하다 보면 불안감이 사라져 버리는 것을 느끼게 될 것입니다.

이렇게 몇 차례 연습하고 난 후, 숨을 들이쉴 때에는 우주로부터 발산되는 활력을 마신다고 느끼십시오. 그리고 내쉴 때에는 모든 두려움들이 신체에서 빠져 나가는 것을 느끼십시오.

이것을 몇 차례 행한 다음에는 들이쉬는 것은 무한한 기쁨과 즐거움이며 내쉬는 것은 슬픔, 고통, 우울이라고 느끼십시오.

또 하나 해볼 만한 연습이 있습니다.

공기를 마시는 것이 아니라 우주의 에너지를 흡수한다고 생각하는 것입니다. 거대한 우주의 에너지가 매 숨결마다 당신에게 흘러들어 오는 것을 느껴봅니다.

이 에너지가 당신의 육체, 생기*, 마음 그리고 가슴을 정화한다고 생각하십시오.

신체의 모든 기관들이 이 에너지의 흐름에 의해 활력을 얻게 된다고 느끼십시오. 이 에너지는 당신 내면에서 강물처럼 흐르며 전 존재를 씻어내고 정화시켜 줍니다.

그리고 나서 숨을 내쉴 때에는 당신 안에 있는 옳지 못한 생각, 혼란스런 관념, 순수하지 못한 행동 등 온갖 쓰레기들을 방출해 버린다고 느끼십시오. 내면에 있는 신성치 못한 것들, 간직하고 싶지 않은 온갖 부정적인 성향들을 밖으로 몰아내는 것입니다.

집중

명상을 시작한 지 얼마 되지 않은 초보자라면 우선 집중력을 키우는 일부터 시작하는 것이 좋습니다.

집중력이 없으면 마음을 안정시키고 비우려고 애를 쓸수록 온갖 잡념들이 몰려와 명상을 방해하게 됩니다. 명상에 들기 전 매일 몇 분씩이라도 집중 훈련을 계속하다 보면 이러한 장애들을 극복할 수 있습니다.

집중이란 내면적인 경계와 조심을 의미합니다.

집중은 마치 어떤 물체를 뚫고 침투하는 탄환과 같으며 목표를 우리에게 끌어당기는 자석과도 같습니다. 집중할 때에 온 마음은 특정한 물체나 주제에 초점을 맞춰야 하며, 그 외의 좋은 것이든 나쁜 것이든 어떠한 생각도 마음속에 들어오지 못하게 해야 합니다. 만일 꽃에 집중한다면 우리는 이 천지 내에 나 자신과 꽃 이외에는 아무것도 없는 것처럼 느껴야 합니다.

집중은 사물을 바라보는 공격적인 방법이 아닙니다. 전혀 그렇지 않습니다. 집중은 영혼의 힘으로부터 직접 오는 것입니다. 즉 꿋꿋한 영혼의 의지력으로부터 비롯되는 것입니다.

수행자들은 5분 이상 집중하기가 힘들다는 말들을 자주 합니다. 5분이 지나면 두통이 나고 어지러워진다는 것입니다. 왜 그럴까요?

마음을 사용하여 집중하려고 하기 때문입니다.

마음은 수많은 지식의 파편으로 이루어져 있기에 산만해지기 쉽습니다. 마음을 바르게 사용하기 위해서는 영혼의 빛이 마음 내에 침투되어야 합니다. 영혼의 빛이 마음을 비추어 주면 어떤 대상에 오랫동안 집중하기가 쉬워집니다. 사고도 없어지고 의심도 두려움도 사라져 버립니다. 영혼의 빛에 의해 충만하게 되면 그 어떤 부정적인 성향들도 마음 안에 침투할 수 없게 됩니다.

집중할 때 그 집중력은 가슴 중앙에서 비롯되어 제3의 눈으로 올라갑니다. 그 가슴의 중앙에 영혼이 있습니다.

당신이 영혼을 느끼는 순간 그 영혼에 어떤 형태를 부여하거나 특별한 관념을 덧붙이지 않는 것이 좋습니다. 영혼을 신의 대리인 내지는 무한한 빛과 기쁨으로 생각하는 것입니다.

그러니까 집중할 때에는 영혼의 빛이 가슴에서 비롯되어 제3의 눈을 통과한다고 느끼는 것입니다. 그러면 이 빛에 의해 당신은 집중하는 대상에 초점을 맞추어 그것과 일체가 될 수 있습니다.

집중의 최종적인 목표는 집중하는 대상 내에 감추어져 있는 궁극의 진리를 발견하는 것입니다.

생각의 정복

생각에 대해 한번 살펴봅시다.

천박하거나 옳지 못한 생각이 마음속에 침입하는 순간 당신은 열망의 힘으로써 이를 물리쳐 버려야 합니다. 왜냐하면 명상중에는 모든 것이 긴장되어 강한 에너지를 지니고 있기 때문입니다.

당신이 대화를 하거나 일상적인 행위를 할 때에는 그 생각이 강렬하지 않기 때문에 어떤 종류의 생각을 하더라도 큰 상관이 없습니다. 그러나 만일 명상중에 어떤 부정적인 생각이 개입되면 명상 속에 내포되어 있는 강한 힘이 이 부정적인 생각들을 확장하고 강화시킵니다. 그 결과 당신이 지니고 있던 민감한 영적인 본성들은 황폐화되고 맙니다.

마음이 제멋대로 날뛰는 생각으로 인해 흔들리게 되면 당신의 영적인 생활은 점점 더 약화됩니다.

좋은 생각이 떠오르면 가능한 이 생각의 내용을 확대시키도록 하십시오. 그 좋은 생각이 차원이 낮은 것이라면 높은 차원으로 끌어올리도록 힘쓰십시오. 그러나 나쁜 생각이 떠오를 경우에는 여지없이 차단시켜 버려야 합니다.

어떻게 이를 행할 수 있을까요?

만일 당신을 괴롭히는 생각들이 외부 세계에서 온 것이라면 가슴으로부터 영혼의 의지를 모아 당신 이마의 앞부분으로 옮기도록 노력하십시오. 당신에게 침입하려던 생각은 그 강한 의지에 부딪히는 순간 사라져 버릴 수밖에 없습니다.

명상중에 생각으로 인해 시달림을 받는다면 당신이 해볼 만한 또 하나의 방편이 있습니다.

당신의 가슴속에 문이 달린 방이 있다고 생각하십시오. 그러고는 안쪽이든 바깥쪽이든 방문 앞에 앉아서 드나드는 사람들을 감시하는 것입니다. 어떤 사람이 방 안으로 들어오는 것을 보는 순간(여기에서 사람이란 생각을 말함) 일단 문을 닫아버리는 것입니다. 당신의 강함을 나타내 보이기 위하여 우선 그 누구도 들어오지 못하게 하는 것입니다.

그러지 않고 당신이 아는 사람들을 다 들어오게 하면 당신의 적도 들어올 수 있게 되고, 그렇게 되면 큰 낭패를 보게 됩니다.

그러나 당신이 내적으로 강해지고 당신의 친구들만 출입하게 할 수 있는 위치에 이를 때가 올 것입니다. 즉 친구들은 입장시키고 적들은 금지시킬 수 있는 때가 온다는 것입니다.

좋은 생각들은 당신의 친구들입니다.

이러한 좋은 생각들이 당신의 방에 들어오려고 할 때에는 문을 활짝 열어주십시오. 그러나 공포, 질투, 의심, 불만, 절망 같은 나쁜 생각들이 접근해 오면 문을 닫아버리는 것입니다.

마음이 특히 안정되지 못할 때 당신이 사용할 수 있는 한 가지 명상법이 있습니다.

그것이 바로 '만트라'*입니다.

만트라는 소리내어 반복하는

*Mantra: 만트라는 산스크리트어에서 유래한 것으로 마음을 집중시키기 위한 말, 음절 또는 진동을 말한다. 인도에서 사용되기 시작하여 불교, 시크교, 자이나교에서도 행해지면서 널리 보급되었다. 역자 주

것이 좋습니다.

당신은 '지고의 존재', '신'을 몇 분간 반복해 발음하면 됩니다. 그저 정상적으로 그리고 정성스럽게 반복하면 됩니다. 이것을 몇 분간 행한 후 당신의 내면에서 누군가가 당신을 대신해서 만트라를 암송하는 것을 느낄 수 있다면 당신은 더 이상 소리내어 암송하지 않아도 됩니다.

때로 만트라를 끝낸 다음에 이러한 경험을 할 때도 있습니다.

당신은 '지고의 존재', '지고의 존재' 하고 단지 몇 분 동안 반복했습니다. 그리고 이를 멈추자 당신의 가슴속에서 신의 이름이 반복되는 것을 듣는 것입니다.

당신은 입술을 움직이지 않습니다. 당신 안에서 신의 이름을 반복하기 시작한 것은 내면의 존재입니다.

가슴으로 명상하기

나는 항상 마음이 아니라 가슴으로 명상할 것을 구도자들에게 권고해 왔습니다.

마음을 신년 저녁의 번화가로 본다면 가슴은 히말라야에 있는 조용한 동굴에 비유할 수 있습니다.

마음으로 명상하게 되면 아마 5분 정도는 진행할 수 있겠고 그 5분 가운데서 1분 정도는 집중이 가능할 것입니다. 그러고 나면 곧 머리가 팽팽하게 긴장되는 것을 느끼게 됩니다.

처음 얼마 동안은 기쁨이나 만족을 느낄지 모르나 곧 불모의 사막에 도달한 것 같은 느낌을 받게 됩니다.

그러나 가슴으로 명상하게 되면 당신은 기쁨이나 만족감을 느낄 수 있게 되며 그 기쁨과 만족을 영구히 당신의 것으로 만들 수 있습니다.

만일 당신이 마음으로 명상하게 되면 당신은 명상하는 대상에 대해 공감이나 일체감을 얻지 못하고 그 대상의 내부로 파고들어가려고 애를 쓰게 됩니다.

당신이 누군가의 집으로 들어가 그가 가진 것을 얻기를 원한다고 가정해 봅시다.

그 집에 들어가기 위해서는 그 집의 문을 부수든가, 집 주인에게 문을 열어 주기를 간청해야 합니다.

주인에게 간청할 경우에 당신은 자신을 상대방에게 낯선 이로 느끼고 있는 것입니다. 집주인도 당신을 역시 생소한 사람으로 느끼게 됩니다. 그때 주인은 '아, 웬 낯선 사람이 내 집에 들어오고 싶어 하는군!' 하고 생각할 것입니다.

그러나 만일 당신이 가슴을 사용하면 부드러움, 사랑, 순수, 신선함 같은 가슴의 특성들이 곧 드러나게 됩니다.

당신이 가슴으로 충만하게 되면 곧 바로 집 주인의 가슴도 당신의 가슴과 하나가 되어 당신을 환영하게 될 것입니다. 집주인은 당신과 일체감을 느끼게 될 것이며 '좋아요, 저의 집에서 무엇을 원하나요? 필요한 것이 무엇이죠? 그것이 평화라면 가져가세요. 빛이 필요하다면 빛도 가져가세요.'라고 말하게 될 것입니다. 가슴으로 명상한다는 것은 곧 영혼이 깃든 곳에서 명상을 한다는 의미입니다.

물론 영혼의 빛과 그 의식은 신체의 모든 부분에 골고루 스며들어 있습니다.

그러나 영혼이 대부분의 시간 동안 머물고 있는 특별한 곳이 있는데 바로 가슴입니다. 만일 당신이 깨달음을 원한다면 가슴의 내부에 있는 영혼으로부터 이를 얻어내야 합니다.

당신이 무엇을 원하는지, 그리고 어디서 그것을 구할 수 있는지를 알았다면 이제 할 일은 그 장소로 가는 것입니다. 식료품을 구하러 컴퓨터 가게로 가서는 안 되겠지요?

명상은 해수면 밑으로 들어가는 것과 흡사합니다. 바다 밑에서는 모든 것이 조용하고 평온한 법입니다. 표면에서는 큰 파도가 일고 있을지 모르지만 바다 밑은 이에 영향을 받지 않습니다. 바닷속 깊은 곳에는 침묵이 있습니다.

우리가 명상을 시작할 때 우리는 바다의 밑바닥, 즉 우리의 내면에 도달하려고 노력합니다. 그리되면 외부로부터 파도가 몰려와도 우리는 이에 영향을 받지 않습니다. 두려움, 의심, 근심 등 세상의 소란도 그저 왔다가 사라집니다. 우리의 내면이 절대적으로 평화스럽기 때문입니다.

우리의 마음이 평화와 침묵 그리고 일체감으로 충만할 때에 사고가 우리에게 영향을 미칠 수는 없습니다.

물고기는 바닷물 속에서 점프를 하고 수영을 해도 아무런 흔적을 남기지 않습니다.

마찬가지로 우리가 명상에 깊이 잠길 때 우리는 자신이 바다가 되는 느낌을 갖게 되며, 바다 속의 동물들이 우리에게 영향을 미치지는 못하게 됩니다. 우리는 자신이 하늘이 되는 것을 느끼며 날아다니는 새들이 우리에게 영향을 미치지 못합니다.

우리의 마음은 하늘이 되고 우리의 가슴은 무한한 바다가 되는 것, 그것이 바로 명상입니다.

05

교육과 영성

느껴보세요

학교 선생님이 학생에게 말합니다.

"읽어보아라. 그러면 알게 될 거야."

영적인 스승이 제자에게 말합니다.

"되어라, 그러면 알게 될 것이다."

신께서 그의 영원한 제자에게 말합니다.

"내가 당신의 것인 것처럼 느껴보세요. 더 이상 무엇을 알 필요가 있

을까요?"

질문 ›› 영적인 차원에서 볼 때 교육이란 무엇입니까?

친모이 ›› 세 종류의 교육이 있습니다. 인간적인 교육(human educa-
tion), 종교적인 교육(divine education) 그리고 신을 깨닫는 교
육(God education)입니다.

인간적인 교육이란 우리의 눈을 항상 크게 열려 있도록 하는 것입니다. 이를 위해 우리는 밤처럼 어두운 무지의 상태에서 벗어나야 합니다.

종교적인 교육이란 자기 헌신을 말합니다. 이를 위해 우리는 오직 신만이 지상에서든 하늘에서든 유일한 실재임을 느껴야 합니다.

신을 깨닫는 교육은 완전하고도 충만한 기쁨을 누리는 일입니다. 이러한 기쁨은 우리가 신 자신을 행복하게 만들지 않고서는 우리를 행복하게 만들 방법이 있을 수 없다는 것을 깨달을 때에만 성취될 수 있습니다.

질문›› 아이들의 형식적 교육(formal education)을 위해 부모가 해야 할 책임이란 것이 있습니까?

친모이›› 부모들은 아이들의 형식적 교육에 막중한 책임감을 가져야 합니다.

우선 아이들을 학교에 보내야 합니다. 부모님들은 아이들이 공부하는 것에 대해, 그들의 행동과 내면적 성장에 대해 적절한 관심을 지녀야 합니다. 아이들을 방치해서는 결코 안 됩니다. 부모들은 아동들의 복지에 대해 언제나 큰 관심을 지녀야 합니다. 아이들의 성장기에 부모님들이 감당해야 할 역할은 중요합니다.

어린이는 묘목이나 식물과 비슷합니다. 어린이들은 성장하여 크고 강한 나무가 될 때까지 부모로부터 적절한 보호와 보살핌을 받아야만 하는 것입니다.

질문 ›› 어떻게 하면 외면적 교육과 내면적 교육이 조화를 이룰 수 있겠습니까?

친모이 ›› 우선 외면적 교육과 내면적 교육이 각각 무엇을 의미하는지를 알아야 합니다.

외면적 교육은 인간성에 대해 관심을 지니도록 하는 일입니다. 내면적 교육은 인간성에 대해 일체감을 느끼도록 하는 일입니다.

관심이 없다면 일체감은 있을 수 없습니다. 그러나 일체감이 있다면 관심은 자연히 뒤따르게 됩니다.

질문»　옛날의 스승들이 더 훌륭했나요?

친모이»　그렇습니다.

옛날, 특히 베다시대(Vedic era: B.C. 2000~A.D. 500년경)의 교사들은 학생을 가족처럼 생각했습니다. 교사들은 자신이 지니고 있는 모든 지혜를 제자들에게 가르쳤습니다.

예컨대 '그대가 곧 그것이다, 그것이 곧 그대다. 제자들이여, 본질적으로 그리고 실제적으로 그대들은 둘이 아닌 하나다'라는 궁극의 진리를 제자들이 깨닫게 되도록 끊임없이 노력하였습니다.

과거의 스승들은 제자들에게 영감을 주었으며, 그들의 내면에서 빛나고 있는 의식의 태양을 깨닫게 하도록 도와주었습니다.

이 태양은 누천년 암흑 속에 빠져있던 무지를 밝혀주는 태양입니다. 이 태양은 진리를 그 경험의 가능성에서 인식의 필연성으로 변형시켜 주는 태양입니다.

질문 ›› 부모, 교사, 어린이가 영적인 친구가 될 필요성이 있나요?

친모이 ›› 그렇습니다. 절대적으로 필요합니다. 부모, 교사, 어린이는 같은 가족이라는 느낌을 지녀야 합니다.

부모는 어린이의 첫 번째 친구입니다. 그 다음의 친구가 되는 것이 교사입니다. 어린이가 영적인 친구를 많이 가질수록 무지에서 벗어나기가 훨씬 쉬워집니다.

따라서 어린이는 더 많은 친구를 지녀야 하며 새로운 친구를 만나게 될 때는 언제나 이들을 반갑게 맞이해야 합니다.

질문 ›› 혹시 우리가 무분별하게 너무 많은 교육을 받고 있는 것은 아닌지요?

친모이 ›› 세속적인 지식으로서 자기를 과시하려 하거나, 그 지식으로

인해 신성한 영혼의 특성들이 침해를 당할 때 우리는 우리가
너무 많은 교육을 분별없이 받았다는 사실을 느끼게 됩니다.

질문 》 제가 어떻게 하면 어린이들의 내면에 계신 지고의 존재에게
가장 잘 봉사할 수 있겠습니까?

친모이 》 당신에게 어린이들을 가르칠 수 있는 기회를 주신 신께 진심
으로 감사한 마음을 지녀야 합니다.

어린이를 가르침으로써 당신은 어린이가 될 수 있는 기회
를 맞이한 것입니다. 영적인 생활에서는 당신의 목표는 다름
아닌 어린이가 되는 것, 그것도 영원한 어린이가 되어 끊임없
이 발전을 이룩해 나가는 일입니다.

만일 당신이 지고의 존재에게 항상 감사할 수 있고 또 어린
이들로 인해 영원히 변치 않는 당신의 유년상태를 자각할 수
있다면 당신은 대단히 빠르게 영적인 진전을 이룩해 나갈 것
입니다.

어린이들을 가르칠 때 오직 봉급을 받기 위해 이 일을 한다

고 생각하지 마십시오. 그렇지 않습니다. 당신이 어린이와 같이 되기를 원하기 때문에 어린이에게 봉사하고 있다고 생각하십시오.

아이가 당신에게 미소를 보내면 그 미소가 지고의 존재로부터 오는 것으로 느끼십시오. 어린이가 웃을 때마다 신께서 구현하고자 하는 꿈들이 이 세상에서 꽃피어남을 느껴야 합니다.

이렇게 할 때 당신은 어린이들의 내면에 계신 지고의 존재에게 언제나 정성을 다하여 잘 봉사할 수 있게 되는 것입니다.

질문 ›› 교실에 들어가기 전 무엇을 명상해야 하나요?

친모이 ›› 아이들의 내면에 계신 지고의 존재에 대해 명상하십시오.

아이들 하나하나에 대해 명상할 필요는 없습니다. 그저 아이들을 당신 앞에서 명상하고 있는 하나의 존재로 느끼도록 하십시오.

학생들 내면에서 지고의 존재를 대할 때 그들 내의 지고의

존재가 당신 내면의 지고의 존재로부터 배우고 있다고 느끼
십시오. 당신 내면의 지고의 존재가 형이라고 생각하는 것입
니다. 형이 동생에게 친절히, 꾸준히 가르친다면 이윽고 동생
들은 형에게서 지혜를 배우게 될 것입니다.

당신은 학생들이 당신이라고 하는 존재의 한 부분임을 깨
닫게 될 것입니다.

질문》 어린이들을 교육할 때 특별히 고취시켜야 할 영적 자질 같은
것이 있나요?

친모이》 무엇보다 가장 중요한 영적 자질은 자기 헌신입니다. 이 비할
데 없는 영적 자질은 당신이 아이들을 가르칠 때만이 아니라
그리고 당신 주위에 아이들이 있거나 없거나 언제나 고취시
켜야 할 영적인 자질입니다.

질문》 학생들에게 특정 종교를 가르치지 말아야 한다는 법이 있습니

다. 이 법을 지키면서 어떻게 젊은이들에게 명상을 가르칠 수
가 있습니까?

친모이 ›› 교육 당국에 명상이 특정 종교와는 전혀 관계가 없다는 사실
을 납득시켜야 합니다. 종교는 육체와 생기 그리고 마음의 차
원을 다루지만 명상은 이런 차원을 다루는 것이 아닙니다.

명상은 오직 일체감을 다룹니다.

우리가 신체, 생기 그리고 마음의 차원에 머무르는 한 우리
는 모든 것 속에서 그 차별을 느끼게 되지요. 혼란스럽고 한
정된 관념들을 지니게 될 것입니다.

그러나 우리가 명상의 차원에 이르게 되면 우리는 신께서
만드신 모든 창조물과 일체감을 느끼게 되며 종교의 장벽들
을 초월하게 됩니다.

학생들에게 명상이 특정 종교의 높고 낮음과는 관계가 없
는 것임을 알려주어야 합니다. 명상은 우월감이나 열등감을
조장하기 위한 것이 아닙니다. 명상은 자신을 확장함으로써
신을 구현하고자 하는 사람들에게 적절한 것입니다.

질문 ›› 교사가 학생들을 애정과 자비심을 지니고 대할 때와 엄격하게
징계를 가할 때를 어떻게 구분하여 선택할 수 있습니까?

친모이 ›› 목적은 하나인데 두 가지의 방법이 있습니다.

한 길은 사랑의 길이고 또 한 길은 징계의 길입니다. 비록
두 길이 다 같은 목적에 이르게 하지만 신께서는 징계의 길보
다 사랑의 길을 더 좋아하십니다. 왜냐하면 신께서는 그 무엇
보다도 사랑의 길이 더 효율적이라고 보시기 때문입니다.

다른 모든 방법들이 효과가 없을 때 신께서는 징계하는 방
법에 의존하십니다. 그러나 다시 말하거니와 징계도 그 안에
사랑이 없으면 아무 쓸모가 없는 것이라고 보십니다. 신께서
는 사랑으로 충만한 가슴으로 아이들을 온전히 교육시켜야
한다고 느끼시기 때문입니다.

난폭한 아이들을 다루는 데에는 사랑이야말로 최고의 우선
적인 접근방법입니다. 징계는 최후의 방법입니다.

실제로 교사는 학생들을 사랑으로 다룰 때와 징계로 다룰
때 그들이 각각 어떻게 반응하는지를 주의깊게 관찰해야 합니
다. 그 결과에 따라 필요한 대응 방법을 선택하는 것입니다.

질문 ›› 쌍둥이들은 배우는 방법도 같은가요?

친모이 ›› 쌍둥이들은 같은 방법으로 배울 필요도 없고 배울 수도 없습니다. 각각 다른 영혼을 지니고 있기 때문입니다.

각각의 영혼들은 큰 영으로부터 빛을 받아들여 그 빛을 땅 위에 반사하는 제 나름의 특별한 방법이 있습니다. 쌍둥이들은 이 세상에는 함께 왔는지 모르나 그들이 영혼의 세계에 있을 때 절대적인 지고의 존재와 맺은 약속은 다를 것입니다. 따라서 이 땅 위에서 그들이 지식을 배우는 방법이나 배운 지식을 나누는 방법은 상당히 다를 수가 있는 것입니다.

질문 ›› 저는 학생입니다. 어떻게 하면 제가 세속적인 지식을 배우면서도 가슴속에 신을 모실 수가 있습니까?

친모이 ›› 그것은 매우 쉬운 일입니다.

당신이 졸업장을 받아 사람들에게 인정받기 위해 공부한다고 합시다. 당신이 이 세상에서 가장 지혜로운 사람이 되어 사람들 앞에서 뽐내기 위하여 공부한다고 합시다. 그렇다면 당신은 가슴속에 신을 모실 수가 없습니다.

만일 당신이 명성을 얻어 세상에 자신을 알리려는 목적으로 공부한다면 당신은 가슴속에 신을 모실 수 없습니다. 신을 즐겁게 하기 위해, 신께서 당신이 공부하는 것을 원하시기 때문에 공부해야 합니다. 당신 자신이나 가족을 즐겁게 하기 위하여 공부하는 것이 아니라, 오직 신을 기쁘게 해드리기 위해 공부해야 합니다.

신을 자녀가 공부하고 있는 모습을 바라보는 어머니처럼 느끼십시오. 신을 즐겁게 하는 순간이 부모를 즐겁게 하는 순간이며 나아가 당신의 친척과 당신 자신을 기쁘게 하는 순간이 되기도 합니다. 무엇보다 신을 우선적으로 기쁘게 해드려야 합니다.

공부를 신에 대한 일종의 봉사로 생각하십시오.

만일 신에 대한 봉사를 목적으로 하여 공부를 잘하고 좋은 성적을 얻었다면 이야 말로 신을 기쁘시게 하는 일입니다.

오늘 신께서는 당신이 공부하기를 원하십니다. 지금하고 있는 학습과정을 끝낼 때 내일 신께서는 당신이 다른 일을 하기를 은밀히 요구하실 것입니다. 모래에는 또 다른 일을 원하실지도 모르지요. 그러므로 무슨 일을 하든 신이 원하시는 대로 행함으로써 신을 기쁘게 해드려야 하는 것입니다.

공부하는 것이 영적인 성장에 장애가 되는 것은 아닙니다. 당신은 하루에 7~8시간 공부할 수 있도록 자신을 훈련시켜야 합니다. 이렇게 몇 년 훈련하다 보면 공부를 통해 얻게 되는 내적인 역량들을 당신의 영적인 생활을 향상시키는 데 이용할 수 있을 것입니다.

인생에서 배우는 그 어떠한 단련이나 수양도 그것이 에너지의 한 형태이기 때문에 그 가치를 인정하여 감사하게 받아들여야 하는 것입니다.

신께서는 그 힘으로 당신이 좋은 일을 수행하기를 원하십니다. 당신의 팔에 힘이 넘치면 무거운 물건을 들어올릴 수도 있고 물건을 자를 수도 있을 것입니다.

질문 ›› 우리는 학교 생활에서 어떻게 아름다움을 보고 느낄 수 있나요?

친모이 ≫ 학교 생활이든 사회 생활이든 모든 일들을 자기 수양의 한 방
편으로 행해야 합니다.

자기 수양은 만족을 가져옵니다. 자기 수양을 통하여 우리
의 내면에서 발산하는 아름다운 빛을 느낄 수 있을 때 우리는
변치 않는 기쁨과 만족을 얻을 수 있습니다.

제2부
어린이를 위한 가르침

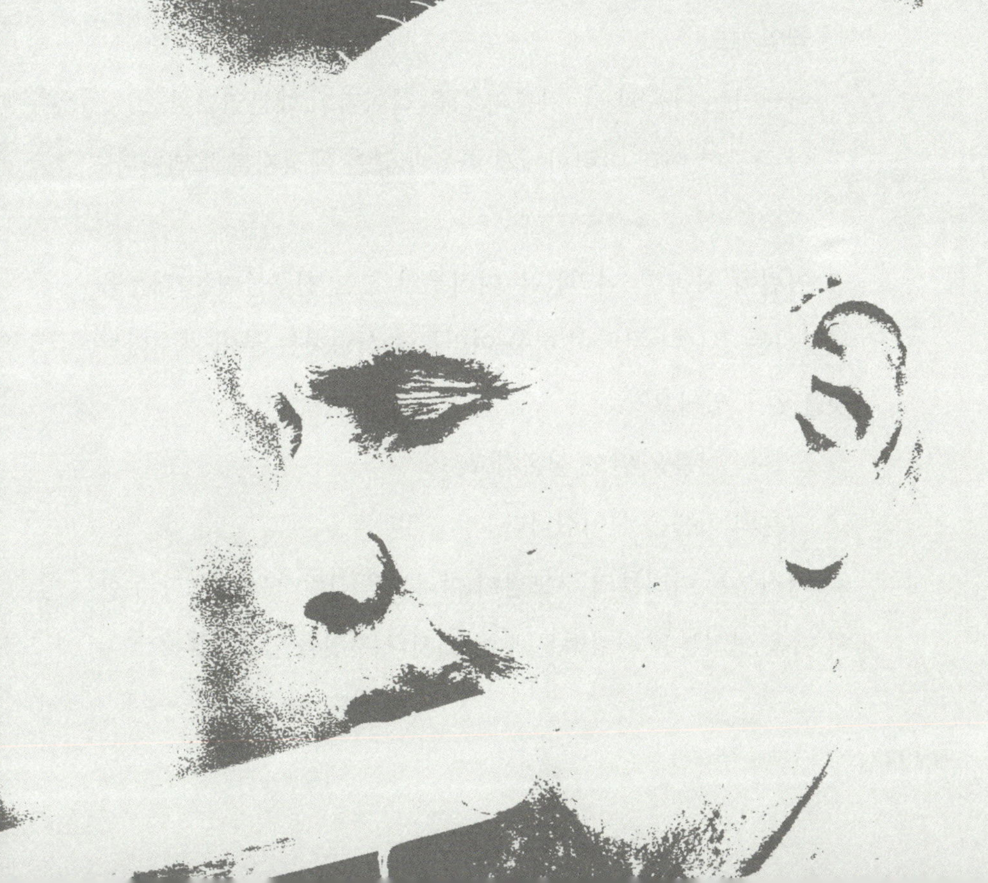

저에게는 수백 명의 친구가 있습니다. 그들 대부분은 모두 어른입니다. 그러나 나는 어른 친구들보다는 어린이 친구들이 훨씬 소중합니다.

왜일까요?

어린이는 가슴의 삶, 기쁨의 삶을 살아가기 때문입니다.

이 소중한 여러 어린이에게 다음과 같은 메시지를 보냅니다.

어린이 여러분, 여러분은 여러분의 친한 친구들이 여러분을 사랑하는 것보다 무한히 더욱 여러분을 사랑하는 분이 계시다는 것을 알고 있나요?

그분의 이름을 알고 싶은가요?

그분의 이름은 신이십니다.

여러분은 여러분의 부모님이 여러분을 사랑하는 것보다 무한히 더욱 여러분을 사랑하는 분이 계시다는 것을 알고 있나요?

그 분의 이름을 알고 싶은가요?

그분의 이름은 신이십니다.

여러분은 자신이 여러분을 사랑하는 것보다 무한히 더욱 여러분을 사랑하는 분이 계시다는 것을 알고 있나요?

그분의 이름을 알고 싶은가요?

그분의 이름은 신이십니다.

여러분은 내가 이것을 증명하기를 원하나요?

증명하기는 대단히 쉽습니다.

여러분의 친한 친구들은 여러분이 신만큼 위대하다고는 결코 생각하지 않습니다. 그러나 신께서는 여러분이 신만큼 위대하다고 항상 느끼고 계십니다.

여러분의 부모님들은 여러분이 신만큼 선하다고 결코 생각하지 않습니다. 그러나 신께서는 여러분을 신만큼 선하다고 언제나 느끼고 계십니다.

여러분은 여러분 자신이 또 한 분의 신인 것을 결코 몰랐습니다. 그러나 신께서는 여러분이 또 한 분의 신이라는 것을 알고 있고 언제나 그 사실을 여러분에게 알려주고 계십니다.

그분의 목소리를 듣기 위해서는 여러분은 매일 아침저녁으로 정성스럽게 기도해야 합니다.

여러분의 부모님에게 어떻게 기도해야 하는지 가르쳐달라고 하세요. 매일 기도하면 여러분은 언젠가는 신의 목소리를 듣게 될 거에요.

그때가 되면 내가 여러분에게 말하는 내용을 여러분 자신이 신으로부터 직접 들을 수 있게 될 거에요.

06

신은 왜 하늘 높은 곳에 계시죠?

신에 대한 어린이들의 질문

어린이들의 질문

어린이의 질문은

한 마디로 답변할 수 있습니다.

어른들의 질문에는

한 편의 논문이 필요합니다.

질문 ›› 　신은 어떻게 생기셨어요?

친모이 ›› 　신은 여러분과 꼭 같이 생기셨습니다.

　　여러분이 신을 바라볼 때 신께서는 여러분을 똑같이 바라보고 계십니다. 누군가가 신을 바라볼 때 신께서도 그 사람을 똑 같이 바라보고 계실 것입니다. 만일 여러분의 가족 한 사람이 신을 바라보면 신께서도 그 사람을 똑같이 바라보고 계실 것입니다.

여러분은 신을 보자마자 '신께서는 나하고 똑같이 생기셨네.' 하고 놀랄 것입니다. 신의 눈, 얼굴 그리고 그 외의 모든 것이 여러분과 똑같이 보일 것입니다.

한 가지 차이점이 있다면 신께서 여러분보다 훨씬 더 아름다우시다는 것뿐입니다. 왜 여러분의 외모 가운데에서도 특히 아름다운 부분이 있지 않아요?

여러분이 이것을 깨닫고 여러분의 독특하고 아름다운 면을 신이라고 주장해도 다른 사람들은 잘 알아듣지 못할지도 몰라요. 왜냐하면 신께서는 다른 아무도 아닌 여러분 자신에게 임하셨기 때문입니다.

질문》 저는 왜 저의 내면의 신을 볼 수 없는 것이지요?

친모이》 여러분은 내면의 신을 볼 수 있습니다. 그러나 여러분이 신을 보려고 열망하지도 노력하지도 않기 때문에 볼 수 없는 것입니다.

만일 어머니에게 무엇인가를 달라고 요구하지 않으면 어머니는 여러분에게 아무것도 주지 않을 수도 있습니다. 달라고 요구한다면 줄 것입니다. 그러므로 여러분이 신을 만나기를 원한다면 신을 찾는 것이 가장 중요하며 신을 찾을 때에만 신을 만나게 될 것입니다.

신은 여러분의 가슴이라는 방 안에 있는 아름다운 보석과도 같습니다. 여러분이 보석을 찾는다면 즉시 여러분은 그것을 발견할 수 있습니다. 방 안을 흘끗 들여다보고는 아무도 없다고 말하지 마세요. 신이 그 안에 계심을 느끼도록 힘쓰세요.

진실로 신을 찾는다면 여러분은 틀림없이 신을 만나게 될 것입니다.

질문 » 왜 제 눈에는 신이 보이지 않는 것이지요?

친모이 » 여러분은 분명히 신을 보고는 있으나 알아차리지 못하고 있는 것입니다. 여러분은 매일 수많은 사람들을 만나지만 그들이 누구인지는 일일이 알지 못합니다. 그러나 누군가가 그 사람들의 정체를 여러분에게 알려주면 그때서야 그들을 알아보게 되고 쉽게 구별할 수 있게 됩니다.

예들 들어 경찰관을 처음 보았을 때 여러분은 그가 무엇을 하는 사람인지를 몰랐습니다. 그러나 부모님의 설명을 들은 후 경찰관을 보았을 때는 그가 누구인지를 알게 되었습니다.

이와 마찬가지로 여러분이 신을 만나게 되면 어느 날 여러분의 영혼이나 스승이 신이 누구인지를 여러분에게 말해 줄 것입니다.

질문 ›› 제가 어떻게 하면 신과 함께 있을 수 있습니까?

친모이 ›› 여러분은 신과 함께 있을 수 있습니다. 사실은 여러분은 언제나 신과 함께 있는 것입니다. 그러나 여러분이 의식적이 되어야 신과 함께 있을 수 있습니다. 즉, 신이 여러분의 눈앞이나 가슴속에 계실 때 곧 신을 알아차릴 수 있어야 한다는 뜻입니다.

이른 아침과 저녁으로 성소나 사당 앞에서 두 손을 모으고 신에게 기도를 드림으로써 여러분은 신과 하나가 되어 함께 있음을 느낄 수 있습니다.

질문 ›› 신께서는 어떻게 저에 대해 모든 것을 잘 알고 계시나요?

친모이 ›› 신께서는 여러분을 창조하셨기에 여러분에 대한 모든 것을 잘 알고 계십니다. 여러분이 무슨 일을 했을 때 여러분이 그 일을 한 당사자이기 때문에 그 일에 대해 잘 알고 있는 것입니다.

여러분이 그림을 한 장 그려 놓았다고 합시다. 여러분이 그려 놓은 그림이기 때문에 그 그림에 관해 질문을 받는다면 여러분은 이에 대해 자세하게 설명할 수 있을 것입니다.

마찬가지로 신께서 여러분을 창조하신 까닭에 여러분에 대해서 모든 것을 잘 알고 계실 수밖에 없는 것입니다.

질문 ›› 제가 죽을 때 어떻게 신을 볼 수 있지요? 제가 살아 있을 때 어떻게 신을 볼 수 있지요?

친모이》 여러분이 진심으로 정성을 다해 기도하고 명상하게 되면 어느 날 신을 만날 수 있습니다. 여러분이 죽을 때, 죽는 것은 결코 여러분이 아닙니다. 몸은 죽으나 여러분의 영혼은 언제나 살아서 깨어있는 것입니다. 이때에 여러분은 단지 영혼일 뿐입니다.

지금 여러분은 육체에 불과합니다. 육체로서의 여러분은 신을 만나기 위해서 기도하고 명상해야 하는 것입니다. 여러분이 영혼일 때 여러분은 날개를 활짝 펼쳐 날게 됩니다.

보십시오, 여러분은 신께서도 날개를 지니고 계심을 보게 될 것입니다.

질문》 신은 어디에서 살고 계시나요?

친모이》 신은 모든 곳에 계십니다. 그러나 신은 여러분의 가슴이라는 방에서 가장 쉽게 찾을 수 있습니다.

여러분은 집에서 대부분의 시간을 거실에서 보냅니다. 누군가 여러분을 찾아와 만나고 싶으면 거실로 들어와 여러분을 찾아야 하겠지요? 마찬가지로 신께서는 대부분의 시간을 가슴이라는 방에서 보내십니다. 여러분이 가슴이라는 방으로 들어오게 되면 쉽게 신을 발견할 수 있게 됩니다. 신께서 모든 곳에 계시는 것이 사실이지만 가슴이라는 방 안에서 그 존재를 가장 확실하게 느끼고 볼 수 있는 것입니다.

질문 》　저는 저의 가슴속에서 신을 느낄 수 있습니다. 그러나 왜 이렇게 그 사실을 설명하기가 힘들지요?

친모이 》　신께서는 스스로 자신을 드러내어 설명하십니다. 그것이 바로 여러분이 신을 설명하기 어려운 이유입니다. 신은 설명이 필요하지 않습니다. 신은 자발적으로 스스로를 드러내며 설명하십니다. 그러므로 신에 대해서는 그 어떤 설명도 할 필요가 없게 되는 것입니다.

질문 ›› 왜 신께서는 땅이 아닌 하늘 높은 곳에 계시는 것이지요?

친모이 ›› 신께서는 높은 하늘에도 계시고 또 땅 위에도 계십니다.

여러분이 읽은 책에서도 그렇고 여러분의 부모님들은 신께서 하늘 높은 곳에 계시다고 여러분에게 가르쳐 왔을 것입니다. 나도 여러분에게 신은 하늘 저 높은 곳에 계시다고 말합니다. 그러나 신께서는 이 땅 위에 계시다는 사실도 말해주고 싶습니다.

만일 여러분이 여러분의 가슴 안에 있는 내면의 책을 읽는다면 신께서 땅 위에도 계심을 알게 될 것입니다.

신께서는 모든 곳에 계십니다. 그러나 여러분이 이 땅 위에 있기에 하늘이나 천국에 있는 신보다 이 땅 위에 계신 신이 당신에게는 훨씬 더 중요한 것입니다.

자, 그렇다면 하늘과 땅이라는 것은 무엇을 의미합니까?

하늘은 여러분의 머리이며 땅은 발입니다. 여러분이 하늘을 생각할 때 여러분의 머리를 생각하면서 신이 그곳에 계신다고 느끼십시오. 그리고 땅을 생각할 때는 발을 생각하면서 신이 그곳에 계신다고 느끼는 것입니다.

여러분은 머리와 발 모두를 필요로 합니다. 발이 없으면 걸을 수가 없습니다. 만일 머리가 없다면 생각할 두뇌를 가질 수가 없습니다. 비록 신께서는 머리와 발 속에 제각기 계시지만 여러분은 머리와 다리 둘 다 필요합니다. 머리와 발은 각기 다른 장소에 있습니다. 이들을 연결시켜주는 것이 가슴입니다. 가슴이 연결고리가 됩니다.

여러분이 머리에 계신 신을 보기를 원한다면 발에서 시작하여 연결 부위인 가슴을 지나 머리에 도달하면 되는 것입니다.

질문 »　천국은 어떤 곳입니까?

친모이 »　천국은 기쁨과 사랑이 무한히 흘러넘치는 곳입니다.

천국은 여러분의 영혼 안에 있습니다. 영혼은 어디에 있을까요? 영혼은 가슴 안에 있습니다. 가슴은 또 어디에 있을까요? 가슴은 여러분의 육체 안에 있습니다.

질문 ›› 저는 지금 신에게로 가까이 가고 있습니까?

친모이 ›› 물론입니다. 여러분은 신으로부터 와서 신에게로 돌아가는 중입니다. 여러분은 신으로부터 특별한 사명을 부여받고 이 땅에 왔습니다. 즉 신께서 얼마나 멋있고 친절하고 아름다우며 선하신가를 이 세상의 모든 사람에게 전파하는 사명입니다. 그리고 이 사명을 수행함으로써 여러분은 천국에 계신 신에게로 되돌아갈 수 있는 것입니다.

질문 ›› 저의 어머니도 죽은 후에 천국에 가게 되나요?

친모이 ›› 그렇습니다. 여러분의 어머니는 천국에서 안식을 누리고 평화와 빛 그리고 축복을 누리게 될 것입니다. 여러분도 역시 그렇게 될 것입니다.

질문 ›› 왜 신께서는 이 땅을 창조하셨나요?

친모이 ›› 신께서는 자신을 사람의 육체, 사람의 형상으로 나타내고자

이 땅을 창조하셨습니다. 즉 사람과 이 땅을 통해 그의 아름다움, 빛과 사랑, 관심과 자비를 나타내고자 하시는 것입니다.

질문›› 왜 우리 학교의 선생님들은 그렇게 천박하지요?

친모이›› 그것 참 유감이군요. 여러분에게도 유감이지만 선생님들에 대해서도 안쓰러운 느낌입니다.

여러분은 선생님들이 천박하다고 말합니다. 그런데 선생님들은 또 여러 학생들이 무례하고 절도가 없다고 생각하십니다.

선생님들은 분명히 여러분을 사랑하십니다. 그러나 여러분을 대해 오던 익숙한 방법으로 다루다 보니 순간적으로 소리치고 고함도 지르게 되는 것입니다. 여러분이 이 방법에 익숙하다 보니 이것을 최상의 방법으로 알고 계시는 것이지요. 그러나 다른 방법이 하나 있는데 여러분의 선생님들은 이 방법을 여러분에게 사용하고 싶어 하십니다. 여러분이 조용하고 침착하며 순종하는 태도를 지니게 되면 선생님들도 언제나 친절히 최선을 다해 여러분에게 사랑과 지혜를 나누어주실 것입니다.

질문 ›› 저는 엄마 아빠 대신 신과 함께 살아갈 수 있을까요?

친모이 ›› 그렇습니다. 여러분은 엄마 아빠 대신 신과 함께 살아갈 수 있습니다. 신은 하늘에 계시지만 그분은 땅 위에서 엄마 아빠의 형태로서도 계시기 때문입니다. 신께서는 만일 여러분이 이 땅 위에서 부모님과 함께 살면 여러분이 신과 함께 살고 있는 것으로 느끼십니다. 신께서는 두 개의 집을 가지고 계십니다. 신께서는 여러분이 이 땅 위에서는 그의 집에, 즉 여러분의 부모님이 계신 집에 머물기를 원합니다.

또 하나의 집이 있는데 신께서 짓고 계시는 중입니다. 아직 완성이 되지 않은 것이지요. 이 집이 완성되는 날, 신께서는 여러분을 그 집에서 살도록 초청하실 것입니다.

질문 »   최초의 인간은 어떻게 태어났나요?

친모이 »   최초의 인간은 신의 사랑과 그 의지에 힘입어 이 땅 위에 태어
났습니다. 성경을 읽어보면 아담과 이브의 이야기를 만나게
될 것입니다.

그러나 여러분이 명상을 통해 여러분의 내면 생활의 이야
기를 읽는다면 여러분은 신께서 최초의 인간을 어떻게 창조
하셨는지를 그리고 그 인간이 누구인지를 알게 될 것입니다.

최초의 인간은 신의 의지에 의해 계속적이고도 점진적인
진화 과정을 통해 태어났습니다.

질문 »   순수란 무엇이고 깨달음은 또 무슨 뜻입니까?

친모이 »   깨달음이 꽃이라면 순수는 그 꽃의 향기입니다. 둘 다 중요합
니다. 향기가 없다면 꽃은 소용이 없습니다. 꽃이 없다면 어
떻게 향기가 풍겨날 수 있겠습니까? 그래서 꽃과 향기는 똑같
이 중요한 것입니다.

만일 여러분이 가슴속에 있는 꽃의 존재를 느끼고 그 향기

를 맛본다면 여러분은 예정한 삶의 목표에 틀림없이 도달할
수 있을 것입니다.

질문 ›› 왜 신은 우리와 같은 인간이 아니지요?

친모이 ›› 신은 정확히 우리 인간과 같습니다. 불행하게도 우리가 그 사
실을 알아차리지 못하는 것입니다.

왜 우리는 신을 인간으로서 느끼지 못하는 것일까요? 내면
에 있는 특별한 눈과 가슴을 사용하지 않기 때문입니다. 이
특별한 눈은 우리 양 눈 사이의 조금 위에 있습니다. 영적인
가슴은 흉부 안에 있습니다. 일단 특별한 눈과 가슴이 열리게
되면 우리는 신께서 곧 우리와 같은 인간 존재임을 쉽게 깨닫
게 될 것입니다.

질문 ›› 왜 어떤 사람은 빛을 보고 어떤 사람은 보지 못하나요?

친모이 ›› 그 까닭은 어떤 사람은 빛이 필요하고 어떤 사람은 필요로 하

지 않기 때문입니다.

만일 여러분이 필요한 것이 있다면 여러분은 그것을 찾아 얻어냅니다. 만일 그것이 필요 없다면 그것을 찾고자 하는 관심이 없게 됩니다.

어린 시절 여러분이 장난감을 달라고 울며 보챘을 때 부모님은 여러분에게 장난감을 주었습니다.

이제 조금 더 성장하여 여러분은 장난감에 이전만큼의 흥미는 없어졌습니다. 그러자 부모님은 이전에 주었던 장난감들을 더 이상 자주 주지 않게 되었습니다.

이제 지금부터 몇 년이 지나면 여러분은 장난감에 대해서는 전혀 관심이 없게 될 것입니다. 그리고 부모님들도 여러분에게 장난감을 아예 주려고 하지도 않을 것입니다.

보다시피 여러분이 무언가 필요로 하게 되면 그것을 찾아냅니다. 그것이 필요 없을 경우에는 가질 수 없게 됩니다.

그러나 나는 여러분이 자신의 생애를 통하여 빛의 필요성을 느낄 수 있기를 기대합니다. 그럴 때 신께서는 크게 기뻐하실 것이며 여러분을 가장 자랑스럽게 여기실 것입니다.

질문 ›› 왜 저는 다른 친구들과 어떤 간격 같은 것을 느끼게 되지요? 왜 저는 가장 친구인 신과도 알 수 없는 거리감을 느끼는 것일까요?

친모이 ›› 그 이유는 매우 단순합니다. 신께서는 여러분을 신 자신처럼 선하고 신성하며 완전하다고 생각합니다. 다른 친구들도 여러분을 선하고 신성하며 완전할지도 모른다고 생각합니다. 그러나 그들은 그들 자신이 여러분보다 더 선하고 신성하며 완전하다고 느낍니다. 여러분의 친구들은 마음속으로 여러분이 그들의 수준에 미치지 못한다고 생각합니다.

그러나 여러분은 그들을 좋아하고 사랑합니다. 그들도 여러분을 좋아하고 사랑합니다. 그로 인해 여러분과 그들 사이에 우정이 있게 됩니다.

그러나 신께서는 여러분을 자신의 영원한 친구이기 때문에 사랑하는 것만이 아니라 여러분을 자신과 하나라고 생각하기 때문에도 사랑하는 것입니다.

질문 ›› 저는 어떻게 하면 착한 소녀가 될 수 있을까요?

친모이 ›› 매일 아침 신에게 여러분이 부모님의 말씀을 잘 듣고 순종할 수 있게 해 달라고 기도하십시오.

여러분과 여러분의 부모님에게 축복을 내려 달라고 기도하세요. 신께서 여러분과 24시간 동안 함께 해 달라고 기도하세요.

신께 기도할 때는 언제나 신을 여러분과 같은 연령의 비슷한 또래로 생각하고 해야 합니다. 만일 여러분이 4세이면 신도 4세인 것으로 생각하세요.

만일 여러분이, 신이 여러분보다 우월하지도 열등하지도 않은 존재로 느낄 수 있다면 신께서는 여러분이 어떻게 착하게 될 수 있는지를 말씀해 주실 것입니다.

질문 ›› 신께서는 누구를 제일 사랑하십니까?

친모이 ›› 신께서는 신을 가장 사랑하는 자를 사랑하십니다.

누가 신을 가장 사랑하는 자일까요? 신에 대해 끊임없는 사랑을, 끊임없는 헌신과 복종을 바치는 자입니다.

사랑이란 무엇입니까? 헌신이란 무엇일까요? 복종의 의미는 무엇일까요?

사랑은 신에 대한 열망입니다. 헌신은 신을 만났을 때 보이는 미소입니다. 복종은 신과 일체감을 이루었을 때 나타나는 충만한 기쁨과 넘치는 춤인 것입니다.

질문 » 만일 어떤 사람이 좋지 않은 일이나 나쁜 일을 저질렀을 경우 신께서 그를 벌하시나요? 혹은 그들이 그들 자신에게 어떤 일들을 초래하게 되나요?

친모이 » 어떤 사람이 좋지 않은 일이나 나쁜 일을 저질렀을 경우 신께서는 우리가 하는 식으로 그 사람을 벌하지 않습니다.

그에 대한 징벌은 다른 곳으로부터 옵니다. 우리가 속인 사람들, 우리가 좋지 않은 행위를 가했던 사람들로부터 징벌을 받게 되는 것입니다. 징벌은 어떤 힘이 존재하는 장소나 세계에서부터 올 수도 있습니다.

그러나 신께서는 우리가 잘못을 저지를 때 우리를 벌하시지는 않습니다.

반면에 우리가 잘못을 저지를 경우 신께서는 ‘빛’이라는 친구를 우리에게 소개해 주시며 “네가 이 친구와 함께 어울려 지내다 보면 더 이상 잘못을 저지르지는 않게 될 거야. 이 친구는 네게 언제나 좋은 일만 하도록 권고해 줄 터이니까.” 하고 말씀해 주십니다.

그러나 우리는 이 친구를 좋아하지 않고 멀리하기도 합니다. 그런 잘못을 자꾸 반복합니다. 그렇게 되면 우리를 둘러싸고 있는 어떤 힘 또는 우리가 해를 입힌 사람들의 내면에 있는 어떤 힘이 우리를 벌하게 되는 것입니다.

우리가 어떤 잘못을 저지르면 마치 어두운 방 속에 있는 느낌을 받습니다. 그 때 신께서 등불을 들고 방 안으로 들어오시면서 “얘야, 이 등불을 들어라. 이 등불을 이용하면 너는 같은 잘못을 반복하지 않게 될 거야.” 하고 말씀하십니다.

그러나 우리는 그 말씀을 듣지 않습니다. 우리는 혼자 있으려고 합니다. 그래서 등불을 받아서 곧 던져버립니다.

우리의 개체성은 어둠입니다. 그러나 우리는 그 개체성을 우리의 것이라는 이유로 좋아합니다.

신께서는 우리가 함께 어울려 놀 수 있는 '빛'이라는 친구를 소개해 주십니다. 우리가 그 빛과 함께 지낸다면 우리는 어떠한 잘못도 저지르지 않을 것입니다. 그리고 우리가 잘못을 저지르지 않는 한 그 누구도 우리를 벌할 수는 없을 것입니다.

질문》 스승님, 만일 지고의 존재가 모든 곳 속에 존재한다면 당연히 마음속에도 있어야만 합니다. 왜 마음은 그렇게도 나쁜 것이죠?

친모이》 두 종류의 마음이 있습니다.

하나는 대단히 멋있고 신성하며 순수한 마음입니다. 또 하나의 마음은 육체 속에 있는 것인데 그다지 신성하지도 순수하지도 않습니다. 흔히 마음은 가슴만큼 좋은 것이 아니라고 말할 경우, 우리는 육체 속에 있는 마음에 대해서 말하고 있는 것입니다.

이야기를 더 간단히 하고 싶군요. 나는 복잡한 철학은 그다지 좋아하지 않으니까요.

신은 모든 만물 속에 계십니다. 신은 호랑이 안에도 계십니다. 그렇다고 해서 호랑이 앞에 선뜻 나서겠습니까? 그렇지 않습니다. 호랑이에게 잡혀 먹힐지도 모르니까요.

신은 물론 만물 속에 계십니다. 그러나 신께서 더 많이 스스로를 나타내고 있는 특별한 대상들이 있습니다.

여러분은 인간이며 나도 인간입니다. 여러분은 밥과 빵을 먹으며 피자도 먹습니다. 나도 마찬가지입니다. 그러나 내면적인 깨달음에서 볼 때 여러분과 나 사이에는 어느 정도의 차이가 있으며 그것이 여러분이 내게 온 까닭이기도 합니다.

지고의 존재는 마음속에도 있습니다. 그러나 가슴속에서 그 지고의 존재는 더 폭넓고 친절하며 더 큰 자비를 나타냅니다.

가슴과 영혼은 마음보다 훨씬 더 신을 사랑합니다. 그런 이유로 우리는 가슴과 영혼이 더 좋다고 말하는 것입니다. 그것은 비교의 문제입니다. 마음이 전부 잘못된 것은 아닙니다.

만일 우리에게 마음이 없다면 생각을 할 수 없게 될 것이며 결국 바보가 되고 말 것입니다.

그러나 마음보다 더 좋은 것이 있는데 가슴이며, 가슴보다 영혼이 훨씬 더 좋습니다. 모든 가슴은 하나이며 일체감을 지닙니다. 가슴 내에 머물게 되면 질투심을 느끼지 않을 것입니다. 고통이나 근심, 의심이나 질투 같은 것을 결코 느끼지 않게 됩니다. 여러분은 진실한 소녀입니다. 그러니 '우리는 모두 하나다'라는 말을 언제나 가슴속에 간직하도록 하십시오.

가슴속에 머무십시오. 가슴으로 기도하고 가슴으로 명상하도록 하십시오.

지금은 마음이 주인이 되어 있습니다. 마음이 주인노릇하는 동안은 여러분은 언제나 비참한 느낌을 지니게 됩니다. 그러나 여러분이 신을 깨닫게 되면 마음을 지배할 수 있게 됩니다.

여러분이 마음의 주인이 되면 여러분은 비로소 자유를 맛보게 됩니다.

07

어린이와 신의 대화

신에게는 은밀히

당신이 원하는 만큼

당신은 신에게 은밀히 요구할 수 있습니다.

그러니 구하고 또 구하세요.

시랑과 기쁨의 말은 물론

슬픔과 불만의 말도 함께.

신께서는 그 신성한 가슴 안에

당신의 말들을 보석처럼 간직하실 거예요.

첫 번째 대화

"신이시여, 당신은 저에게 저의 장난감을 다른 아이들에게 빌려주라고 말씀했습니다. 장난감뿐 아니라 그 외의 많은 물건을 다른 사람에게 빌려주라고 말씀하셨습니다. 그런데 아이들이 물건을 내게서 빌려갈 때에는 좋아하면서도 저한테 '고맙다'는 인사말 한 마디 하는 아이들이 없어요."

"그것 참 안됐구나. 그러나 염려하지 마라. 내가 야단칠 터이니까. 그러나 나는 매일 네게 두 번씩 감사하고 있단다."

“네? 그래요? 저한테 감사하신다구요? 언제지요? 당신께서 언제 제게 감사를 나타내시는지 말씀해 주시겠어요?”

“네가 너의 아빠에게 저녁에 잠자러 가기 전 가장 예쁜 웃음을 보낼 때 나는 너의 아빠를 통하여 조용히 마음속으로 감사한단다.
네가 아침에 일찍 일어나 침대에서 일어나자마자 너의 엄마에게 가장 예쁜 미소를 지을 때 나는 너의 어머니를 통해 조용히 마음속으로 감사한단다.”

두 번째 대화

"신이시여, 제가 좀 어리둥절해지는 일이 있어요. 저의 할머니는 당신이 저의 가슴 안에 있다고 하셔요. 저의 어머니는 당신이 저의 눈 속에 있다고 하셔요. 그런데 아빠는 당신이 저의 주변에 계시다고 말씀하시거든요? 누구 말이 맞는 거죠?"

"세 사람 말이 다 맞는 말이다."

"네? 어떻게 그럴 수가 있어요? 어떻게 모든 사람들의 말이 다 맞을 수가 있지요? 죄송하지만 솔직히 말씀해 주세요. 누가 옳죠?"

"얘야, 그래, 내가 솔직히 말하마. 너의 할머니, 어머니, 아빠 모두 다 옳다."

"어째서 그렇죠?"

"나는 너의 가슴 안에서 산다. 그것이 바로 네가 그렇게도 영적인 이유란다.

나는 네 눈 안에서 산다. 그것이 바로 네가 그렇게도 아름답게 보이는 이유란다.

나는 너의 주위에서 산다. 그것이 바로 네가 그렇게도 조심스럽고 용의주도한 이유란다."

"오, 신이시여, 당신이야말로 저의 감사를 받을 자격이 있어요."

“나는 너의 감사를 받을 자격이 없다. 너의 감사를 받을 만한 분은 너의 할머니, 어머니, 아빠란다. 가서 그들에게 감사하여라.”

“그렇게 하죠. 그런데 당신과 헤어지기 전에 한 가지 드릴 말이 있어요. 당신은 언제나 제게 친절하셨기에 저의 특별한 감사를 받을 자격이 있어요. 저의 할머니, 어머니, 아빠는 저로부터 보통의 감사를 받게 될 것입니다.”

신께서는 미소를 지으시면 기쁨에 넘치는 탄성을 발하신다.

세 번째 대화

"신이시여, 저의 어머니는 제게 그 누구에 대해서도 불평을 하지 말라고 하셨어요. 그러나 유감스럽게도 불평을 좀 해야 하겠어요.

당신도 아시다시피 저의 어머니는 저를 자주 꾸짖고 언니는 가끔 저를 때려요. 저는 그들이 옳지 않은 것 같아요. 당신은 어떻게 생각하세요?"

"너의 언니와 어머니에게 그들이 너를 꾸짖거나 때리기 이전에 먼저 내게 허락을 받으라고 전해라."

“그거 좋겠네요. 그렇게 하죠. 그렇게 하면 이제 더 이상 언니나 어머니가 나를 꾸짖거나 때리지 못하게 되겠죠?”

“애야, 꼭 그렇게 되지 않을지도 모른단다. 내 이야기를 들어 보아라.

그들이 너를 꾸짖거나 때려도 되는지 내게 물어 올 때 나는 우선 네가 그러한 꾸중이나 매를 맞아야만 하는지 아닌지를 먼저 살펴볼 거야.

물론 네가 매를 맞거나 꾸중을 받을 만한 짓을 하지 않았다면 그들을 엄격히 야단치겠지.

그러나 네가 매를 맞거나 꾸중을 받을 만한 짓을 했을 경우에는 나는 그 잘못된 행동으로 인한 책임을 기꺼이 감당할 수 있는 힘과 용기를 네게 충분히 줄 거야.

나는 네가 멋있고 착하며 온전하고도 신성하게 성장하기를 원한단다.”

“신이시여, 그렇게 되도록 힘쓰겠어요. 대단히 감사합니다.”

네 번째 대화

"신이시여, 제게 진짜 큰 문제가 하나 생겼어요.

어머니는 제가 당신께 기도드리는 시간이 너무 짧다고 하셔요. 그런데 아빠는 제가 기도드리는 시간이 충분하다고 하시는 거예요. 누가 옳은 거지요? 저의 어머니인가요, 아빠인가요? 아니면 두 분 다 틀린 것인가요?"

"네가 기도를 많이 하면 할수록 더욱 나를 기쁘게 하니 너의 아빠가 틀렸구나.

그런데 네가 기도할 때 그 기도에 가슴이 담겨 있지 않다면 너는 단지 시간만 낭비하고 있는 셈이란다. 그래서 만일 너의 어머니가 네가 진심으로 기도를 하고 있지 않음에도 기도하기를 강요한다면 어머니도 잘못이다.

자, 내가 새로운 기도를 하나 가르쳐 주마. 이 기도는 너에게 네가 원하는 모든 것을 이루도록 해 줄 거야.

이렇게 기도해라."

'신이시여, 저로 하여금 당신의 가장 사랑스럽고 귀한 어린이가 되게 해 주소서.

저로 하여금 당신처럼 모든 사람들에게 친절히 행할 수 있게 해 주소서.

저로 하여금 당신이 들려주는 말씀을 매일 잘 이해할 수 있게 해 주소서.

저로 하여금 항상 당신을 생각할 수 있게 해 주소서.

저로 하여금 당신을 매일 매시간 매분 매초마다 기쁘시게 할 수 있는 능력을 주소서.'

“신이시여, 정말 어마어마한 기도로군요. 제가 한 마디 더 덧붙이고 싶은데요. 괜찮을까요?”

“그럼 괜찮고 말고. 네가 덧붙이고 싶은 것은 무엇이든지 좋다.”

“이렇게 덧붙이고 싶어요.
신이시여, 저는 당신을 사랑합니다.
신이시여, 저는 당신을 경배합니다.
신이시여. 저는 당신을 찬미합니다.”

“오! 정말로 좋구나. 아멘. 아멘. 아멘.”

“신이시여, 백만 번의 감사를 드립니다. 당신이 가르쳐 주신 기도대로 저는 이제 매일 매일 기도할 수 있게 되었군요.”

다섯 번째 대화

"신이시여, 저의 어머니가 항상 저를 괴롭히고 있어요.

어머니는 저에게 매일 아침 저녁으로 당신께 기도를 드려야 한다고 말씀하십니다. 그렇게 기도를 해야만 제가 매일 당신을 만날 수 있다고 하시는 거예요.

그리고 또 무슨 말씀을 더하셨는데…… 참 그리고 어머니는 당신이 매우 친절하다고 하셨어요.

신이시여, 만일 당신이 정말로 친절하시다면 한 가지 부탁을 좀 들어주시겠어요?

제가 어떻게 하면 당신께 기도를 하지 않고도 매일 당신을 만날 수 있는지 가르쳐 주시겠어요?”

“네가 나를 하루에 한 번이 아니라 두 번씩 만날 수 있게 해 주마. 그러나 그러기 위해서는 나에게 조금은 기도를 해야 한단다.
잠깐, 내게 좋은 생각이 있다.
사실 이건 비밀인데 네가 아주 쉽게 기도할 수 있는 방법을 알려주마. 너는 이 비밀을 다른 사람에게 말해서는 안 된다. 이건 너하고 나하고 둘만 아는 1급 비밀이야.
매일 아침 너의 거실에 있는 큰 거울 앞에 서서 눈을 반만 뜨고 거울을 보아라. 거울 속에 있는 너의 눈을 쳐다보면서 몇 번 웃어 보아라. 그렇게 하면 너는 너의 눈 속에서 분명히 나의 모습을 볼 수 있을 거야.
먼저 너는 너의 오른 쪽 눈에서 나를 보게 되고, 그리고 나서 왼쪽 눈에서도 나를 보게 될 거야.”

“항상 그렇게 해야 하나요? 먼저 왼쪽 눈에서 당신을 보고, 그러고 나서 오른쪽 눈에서 볼 수는 없나요?”

“그렇게 할 수는 있다. 그런데 그렇게 하려면 너의 두 눈을 다 감고 내 이름을 일곱 차례 소리 내어 반복한 후 눈을 떠야 해. 그렇게 하면 틀림없이 너의 왼쪽 눈에서 나를 볼 수 있게 되지.”

“신이시여, 제가 다른 방법으로 한번 해보고 싶은데 괜찮으시겠어요?

당신 말씀대로 눈을 절반만 감고 당신이 보일 때까지 웃음을 반복하겠어요. 그러나 거울 앞에 서서하고 싶지는 않은데요?

그게 훨씬 더 편리할 것 같아요. 괜찮으시겠어요?”

“괜찮아, 좋고 말고! 네가 나보다 더 현명하구나.

나는 네게 나를 볼 수 있는 가장 쉬운 법을 네게 알려주려고 했다. 그래서 네가 거울 앞에 서서 눈을 반쯤 감고 서 있으라고 말했던 거란다.

하지만 너는 이 일을 더 쉽게 하려고 하는구나. 그냥 눈을 반쯤 감고 내가 보일 때까지 웃음을 반복하겠다는 생각이지?

네가 나보다 훨씬 쉬운 방법을 찾아냈어. 너는 정말로 현명하

고 대단하다. 내가 어떻게 너를 자랑스럽게 생각하지 않을 수가
있겠니?"

"신이시여, 감사드립니다."

여섯 번째 대화

"신이시여, 당신의 진짜 이름이 무엇이죠?"

"나의 진짜 이름은 너의 이름과 똑같아."

"저는 저의 이름을 당신에게 붙여주고 싶지 않아요."

"그래? 그럼 내게 어떤 이름을 붙여주고 싶니?"

"물이라는 이름을 지어드리고 싶어요."

“물? 그거 참 좋은 이름이로구나. 이제부터 나를 물이라고 부르면 내가 응답하도록 하마.”

“신이시여, 그런데 제가 당신께 비밀 하나를 알려드릴 게요. 저의 어머니가 저에게 물에 또 다른 이름이 하나 더 있는데 생명이라고 하셨어요.”

“애야, 나도 네게 알려줄 비밀이 하나 있다. 생명에 또 다른 이름이 하나 더 있는데 신이라고 한단다.”

“제가 이 비밀을 저의 어머니에게 말씀드려도 괜찮을까요?”

“그럼, 괜찮고 말고.”

“신이시여, 제게 1급 비밀을 알려주셔서 정말 고맙습니다.”

일곱 번째 대화

"신이시여, 저의 할아버지께서는 항상 저에게 거짓말을 해서
는 안 된다고 말씀하십니다. 그러나 당신도 아시지만 할아버지
도 거짓말을 많이 하시잖아요?"

"할아버지가 어떤 거짓말을 하셨는데?"

"첫 번째 거짓말은, 할아버지는 당신께서 할아버지보다 더 나
이가 많다고 하셨어요.
두 번째 거짓말은, 할아버지는 당신께서는 우리처럼 눈이 없

어도 볼 수 있다고 하셨어요.

세 번째 거짓말은, 할아버지는 당신께서는 귀가 없이도 들을 수 있다고 하셨어요.

네 번째 거짓말은, 할아버지는 당신께서는 입이 없어도 말씀을 할 수 있다고 하셨어요.

자, 그런데 제 앞에 계신 당신을 보세요. 당신은 눈이 두 개, 귀도 두 개 그리고 저처럼 입도 하나에요. 게다가 당신은 매우 젊고 아름답습니다. 당신은 저의 아빠만큼 늙지도 않으셨어요. 그런데 할아버지는 당신이 할아버지보다 훨씬 더 나이가 많다고 하셨거든요."

"애야, 네 말이 옳다. 그러나 너의 할아버지도 틀리신 것은 아니란다.

할아버지는 나에 대해서 책을 통해 배웠지. 너는 나를 이렇게 직접 만나서 알게 된 것이다.

너의 할아버지는 나를 하나의 관념이나 생각으로 이해하고 계신단다.

너는 나를 사랑하는 친구로 그리고 살아 있는 진리로서 만나

고 있는 것이란다."

여덟 번째 대화

"신이시여, 제가 당신께 드릴 말씀이 있습니다.

2500년 전 이 땅 위에 아주 위대한 영적인 스승이 한 분 살았습니다. 그의 이름은 붓다입니다. 당신도 그의 이름을 들어보셨겠죠?

저의 아빠는 아주 영적인 분인데 붓다를 신봉합니다."

"그래? 그럼 너의 어머니는 어떤 길을 신봉하시는지 말해 주겠니?"

“저의 어머니는 수많은 길을 신봉하세요.

붓다의 길, 크리슈나의 길, 라마크리슈나의 길, 라마나 마하리쉬의 길 그리고 때때로 스리 친모이의 길을 신봉하기도 합니다.

신이시여, 어쨌든 이들은 모두 훌륭한 영적인 스승들입니다. 이들에게는 많은 제자들과 따르는 사람들이 있습니다.

신이여 저는 아주 혼란스럽습니다. 어떤 길을 따라야 하는 거죠? 제가 저의 아빠의 길을 따르면 아빠는 매우 좋아하시겠지요. 어머니의 길을 따르면 어머니는 좋아하시겠지요.”

“나는 네가 나의 길을 따르기를 바란다.”

“당신의 길은 어떤 길입니까?”

“매일 기도하고 명상하여라. 그렇게 하면 어떤 길이 나의 길인지를 네게 곧 알려줄 것이다.”

“신이시여, 저의 가슴에서 나오는 감사를 드립니다.”

아홉 번째 대화

"신이시여, 잠시 시간이 있으세요? 제가 당신께 질문할 것이
좀 있습니다.

저의 어머니께서는 언제나 제가 당신을 사랑해야 한다고 하
십니다. 어머니 말씀이 맞는 것입니까?"

"그럼, 맞고 말고."

"그러나 제가 당신을 잘 모르는데 어떻게 당신을 사랑할 수
있습니까?"

“내가 어떻게 해야 할지를 알려주마.

네가 나를 잘 모르는 것은 사실이다. 그러나 너는 너의 어머니는 잘 알고 있지 않니?

이렇게 하자.

오늘부터 너의 어머니를 더욱 사랑하도록 해라.

어머니가 너에게서 필요한 사랑만큼은 어머니가 지니겠지만 그 나머지 사랑은 나에게 줄 거야. 우리는 너의 사랑을 나누어 갖게 되는 것이지.

어떻게 생각하니?”

“신이시여, 고맙습니다.”

08

어린이를 위한 이야기

나의 생명보다 더 그대를 사랑한다

라메쉬라는 소년이 살고 있었습니다.

그는 선량한 학생이었습니다. 그의 부모도 부유할 뿐만 아니라 대단히 친절한 사람들이었습니다.

학교에서 점심시간에 학생들은 집에서 가져온 음식을 먹고는 하였습니다.

하루는 라메쉬가 보니 그의 친구인 고팔이 며칠씩이나 점심시간에 아무것도 먹고 있지 않다는 것을 알게 되었습니다. 라메쉬는 친구에게 그 이유를 물었습니다. 고팔은 집안 사정이 매우 어려워 점심을 싸올 수 없다고 답변하였습니다.

이 말을 듣고 라메쉬는 "걱정 하지 마. 내 것을 나누어 먹기로 하자." 하고 말했습니다.

"아니, 나는 너의 음식을 먹을 수가 없어."

"괜찮아, 어머니에게 점심을 더 많이 싸달라고 하면 되니까."

라메쉬의 거듭되는 권고에 결국 고팔은 응하게 되었고 이후 몇 주 동안 두 소년은 라메쉬가 싸온 점심을 함께 나누어 먹었습니다.

그러던 중 어느 날부터 고팔이 학교에 나오지 않는 것이었습니다. 라메쉬는 궁금하여 선생님께 고팔이 학교에 나오지 않는 이유를 묻게 되었습니다. 선생님은 고팔의 집안이 가난하여 더 이상 학비를 낼 수 없어서 학교를 그만둘 것이라고 알려주었습니다.

라메쉬는 가슴이 아팠습니다. 그날 오후 라메쉬는 선생님으로부터 고팔의 주소를 알아내어 고팔의 집을 방문하였습니다.

라메쉬는 자신의 부모님에게 부탁하여 수업료를 내도록 하겠으니 고팔이 다시 학교에 나와 줄 것을 간청했습니다.

고팔의 부모님은 깊이 감동하였고 고팔은 다시 학교에 출석

하게 되었습니다.

이 당시 고팔의 아버지는 연로하였고 결국 얼마 안 되어 세상을 떠났습니다. 고팔의 가족은 그야말로 가난에 시달리게 되었는데 이 때에도 라메쉬는 자신의 돈으로 이들을 부양하였습니다.

고팔의 누이동생이 중병에 걸렸을 때도 고팔의 가족은 병원비를 감당하지 못했고 이 역시 라메쉬의 몫이었습니다.

모든 면에서 라메쉬는 고팔 가족의 벗이자 후원이 되어 주었습니다.

라메쉬와 고팔은 고등학교를 마친 후 둘 다 대학에 진학하였습니다.

어느 날 고팔이 라메쉬에게 말합니다.

"자네에 대한 이 감사의 마음을 어떻게 표현할 수 있겠나? 나는 나의 생명보다 자네를 더 사랑하네."

라메쉬가 대답합니다.

"친구여, 자네가 나를 사랑해 준다니 나는 그것으로 충분하네. 그러나 자네의 생명보다 나를 더 사랑할 필요는 없네."

고팔이 말합니다.

"아닐세, 나는 진정 나의 생명보다 자네를 더 사랑하네. 자, 이제 그 증거를 자네에게 보여 주겠네."

그리고 나서 고팔은 그의 주머니칼을 꺼내어 자신의 팔을 베었습니다. 팔에서 피가 흘렀습니다. 고팔은 몇 방울의 피를 라메쉬의 발에 떨어뜨렸습니다.

라메쉬가 놀라서 소리칩니다.

"자네 지금 도대체 무슨 짓을 하고 있는가!"

그리고 나서 라메쉬는 친구의 상처부위를 옮겨 자신의 가슴 위에 몇 방울의 피를 떨어뜨렸습니다.

그리고 다음과 같이 말합니다.

"이 가슴이야말로 자네의 피를 떨어뜨려야 할 적절한 곳일세. 나는 자네에게 세상의 재화인 물질과 돈을 주었네. 자네는 가슴 속의 사랑을 내게 주었어. 그 사랑은 물질과는 비교할 수 없는 귀중한 하늘의 재화일세."

비베카난다의 어린 시절

스와미 '비베카난다'라는 인도의 위대한 영적지도자가 있었습니다. 그의 원래 이름은 '나렌드라나드'였고 아명은 '빌레'였습니다.

어린 시절과 청년기에 걸쳐 그는 대단히 영적인 성향을 지녔는가 하면 비행을 심하게 저지르기도 하였습니다.

그의 부모들, 특히 그의 어머니는 때때로 당혹감을 느꼈고 아들에 대해 근심하고는 하였습니다. 그녀는 가끔씩 기도를 드렸습니다.

'오, 신이시여. 저는 언제나 당신을 닮은 아들을 달라고 기도해왔습니다. 그러나 당신을 닮기는커녕 당신의 망령을 내게 보내셨군요. 그는 그야말로 망령에 불과한 녀석이에요. 언제나 문제를 일으키고 사람을 귀찮게 합니다. 제가 언제까지 그의 끝 모를 비행을 감당해야 합니까?'

그러나 빌레의 어머니는 빌레에게도 몇 가지 좋은 성품이 있는 것을 알고는 마음속으로 기뻐하기도 했습니다. 하지만 겉으로는 사람들에게 "그 녀석은 몹쓸 놈이에요." 하고 비난하는 것이었습니다.

빌레가 다섯 살 되던 어느 날이었습니다.

빌레는 거실에 놓여있는 인도인들이 사용하는 수연통 담배 파이프가 여러 개 놓여 있는 것을 발견했습니다.

그 중 하나는 사제계급이 쓰는 것이었고, 또 하나는 전사계급인 크샤트리아들이 사용하는 것이었고, 나머지 하나는 이슬람교도들이 사용하는 것이었습니다.

그는 호기심이 일어 하나하나 다 맛을 보았는데 맛이 다 똑같은 것이 아닙니까!

그 순간 그는 그만 아버지로부터 담배를 피우는 광경을 들키고 말았습니다. 아버지가 놀라 묻습니다.

"너 여기서 무얼 하고 있니?"

"아빠, 저는 지금 담배 파이프를 조사하고 있었어요. 저는 브라만이 위대하다고 하니까 브라만의 것이 크샤트리아의 것과는 무언가 맛이 다를 줄 알았어요. 그리고 이슬람교도들은 용맹하고 영적이라고 하기에 이슬람교도들의 파이프에도 특별한 것이 있는 줄 알았어요. 그러나 맛을 보니 다 똑같네요. 더 좋고 나쁜 것이 없는 걸요?"

빌레의 부모는 충격을 받았습니다.

"너는 어째서 어린 나이에 벌써 담배를 피우기 시작한단 말이냐? 그리고 하는 말이라고는!"

어머니가 야단칩니다.

"애야, 너는 어린 나이에 못됐구나. 너무 되바라졌단 말이다. 이리 오너라."

어머니는 2층 방으로 그를 끌고 가서는 문을 잠카 버렸습니다.

두 시간쯤 지났을까? 하녀가 비명을 지르며 어머니에게 달려왔습니다.

"큰일 났어요. 빌레가 옷가지들을 마구 집어던지고 있어요. 손에 잡히는 대로 창문 밖으로 마구 버리고 있단 말이에요. 아래에 있던 거지들이 떨어진 옷가지들을 주워 달아나고 있어요!"

어머니는 2층으로 뛰어 올라가 아이를 다그칩니다.

"빌레, 도대체 무슨 일이냐? 무슨 짓을 하고 있니!"

어린이가 대답합니다.

"엄마, 우리는 부자에요. 우리는 가지고 싶은 것을 다 가지고 살아요. 그런데 저 사람들은 가난해서 아무 것도 가진 것이 없잖아요? 만일 우리가 저들에게 주지 않으면 누가 주죠? 그래서 그들에게 이 물건들을 던져주고 싶은 마음이 들었어요. 그들이 우리보다 이 물건들이 더 필요하니까요."

어머니의 가슴은 놀라움과 기쁨으로 가득 차올랐습니다. 그러고는 아들을 껴안고 감격의 눈물을 흘렸습니다.

이 어린 아이의 가슴속에 그토록 큰 자비와 사랑의 마음이 깃들어 있었던 것입니다.

가난한 사람들과의 일체감, 모든 사람의 내면에 깃든 지고의
존재인 신성과의 일체감이 숨어있는 것에 크게 감격하였습니다.

고팔의 형

매우 아름다운 이야기를 하나 들려줄까 합니다.

크리슈나에 대한 이야기인데, 크리슈나에게는 라칼 라자(Rakhal Raja)라는 이름이 또 하나 있었습니다.

라자는 왕이라는 뜻이고 라칼은 소치는 사람이라는 뜻입니다. 소치기들은 소들을 목장으로 끌고 다니며 풀을 먹이는 사람들입니다. 크리슈나는 왕이었으며 동시에 소치는 사람이었기에 라칼 라자, 즉 소치기왕으로 불렸습니다.

이 시대에 친절하고 관대하며 신앙심이 깊은 한 노인이 있었습니다. 그는 매일 신께 기도하는 생활을 해 왔습니다. 그런 그가 이제 나이가 많아 세상을 떠나게 되었습니다.

그가 아내에게 말합니다.

"이제 나는 곧 죽게 되오. 이 세상을 떠나게 될 거요. 그러나 걱정은 말아요. 신께서 당신을 보호해 주실 거요."

아내가 답변합니다.

"당신은 천국으로 가게 될 거에요. 걱정 마세요. 신께서 당신을 보호해 주실 거에요."

이 노부부에게 아들이 하나 있었는데 이 어린 아들의 이름은 고팔이었습니다. 고팔은 그의 아버지가 죽었을 때 일곱 살이었습니다. 이 작은 가족은 항상 숲 속에서 살아 왔습니다.

그들은 매우 가난하여 소 한 마리가 있을 뿐이었습니다. 고팔의 아버지가 죽고 난 후 고팔의 어머니는 소에서 나오는 우유를 팔아 약간의 돈을 얻었습니다. 이 돈으로 두 식구가 먹고 살았습니다.

고팔의 어머니는 비록 매우 가난하기는 하였지만 크리슈나의 열렬한 헌신자였습니다. 그녀는 하루 24시간 동안 크리슈나를 섬겼으며 잠시라도 크리슈나를 잊는 법이 없었습니다. 그녀의 인생 자체가 하나의 기도였습니다.

고팔이 일곱 살이 되었기에 학교에 가야 했습니다. 그런데 학교가 집에서 멀리 떨어져 있었기 때문에 고팔은 학교에 가려면 울창한 숲을 통과해야 했습니다. 숲 속에는 야생동물들이 있었기 때문에 고팔은 자연히 두려운 마음이 들었습니다. 그는 아침에 학교에 갈 때 두려움과 고통을 느꼈고 학교에서 돌아올 저녁 무렵에 그 두려움은 더 심했습니다.

이 시대에는 등불이 없었기에 두려움은 더 심했으며 고팔은 두려움에 떨며 때로 울며 돌아왔습니다.

어느 날 고팔이 어머니에게 말합니다.

"이제 더 이상 학교에 갈 수가 없어요. 너무나 무서워요. 누가 저와 함께 학교에 다니게 해 주지 않으면 더 이상 학교에 다니고 싶지 않아요."

엄마가 답변합니다.

"애야, 내일부터 너의 형이 너와 함께 학교에 다닐 수 있게 해 주겠다. 나에게 아들이 하나 더 있었단다. 그 아이는 숲 속에서 소를 키우며 살고 있다. 네가 숲 속을 지나갈 때 그를 부르면 그가 나타나 너와 함께 놀아줄 거다.

그가 너를 학교에 데려다 주고 또 집에까지 다시 동행해 줄 터이니 걱정하지 마라."

고팔은 기뻤습니다. 그리고 어머니에게 묻습니다.

"제가 한 번도 본 적이 없는 그 형의 이름이 뭐죠?"

어머니가 답변합니다.

"네 형의 이름은 라칼 라자라고 한다."

다음 날 고팔이 학교 가는 길에 숲에 이르러 소리쳐 부릅니다.

"라칼 라자, 라칼 라자, 이리로 나와!"

그러자 라칼 라자가 나타났습니다. 그는 왕관을 쓰고 공작의 깃털로 장식한 옷을 입고 있었는데 진짜 왕처럼 보였습니다.

이렇게 라자와 고팔은 만나게 되었고 함께 학교에 갔습니다.

학교 근처까지 왔을 때 라자가 고팔에게 말합니다.

"자 이제 혼자 학교에 들어가거라. 학교가 끝날 무렵에 너를 데리러 오마."

이런 식으로 매일 라자는 아침에 고팔을 학교에 데려다 주고는 저녁에 집까지 안전하게 데려다 주었습니다. 고팔은 새로이 만난 형과 함께 즐거운 시간을 보냈습니다.

어느 날 어머니가 고팔에게 묻습니다.

"고팔아, 요즘도 형을 만나니?"

"예, 만나고 있어요." 하고 고팔이 대답합니다.

어머니가 말합니다.

"그렇겠지 네 형이 너를 만나러 올 거라고 말했잖니."

라자와 고팔은 매우 행복했습니다. 그들은 숲 속에서 온갖 종류의 놀이를 즐겼습니다. 라칼 라자는 어린 동생을 위해 맛있는 먹을 것을 준비하기도 했고 여러 종류의 좋은 물건들을 선물하기도 했습니다. 그래서 고팔은 언제나 즐겁고 행복한 날들을 보냈습니다.

그가 집에 늦게 와도 어머니는 걱정하지 않았습니다. 그의 형 라칼 라자가 동생을 돌보아주고 있었기 때문이었습니다.

이렇게 몇 개월이 지난 어느 날 고팔의 학교 선생님

의 어머니가 돌아가시게 되었습니다. 인도에서는 누가 죽으면 그 달 말에 축제를 엽니다. 이때에는 많은 사람이 식사에 초대되어 먹을 수 있는 만큼 먹을 수 있고 먹지 않으면 주위의 사람들이 강제로 먹입니다. 그래서 선생님의 어머니가 돌아가신 후 어린이들을 위한 연회가 벌어졌습니다. 그리고 어린이들은 선생님께 드릴 선물을 준비하는 것이 관례였습니다.

고팔도 이 사실을 알고 있었지만 고팔은 가난하여 선물을 준비할 돈이 없었습니다.

그는 어머니에게 "저는 어쩌면 좋지요? 저도 선생님께 선물을 드리고 싶은데 우리가 이렇게 가난하니 어쩌면 좋아요?" 하고 졸랐습니다.

"라칼 라자에게 한번 부탁해 보렴. 그가 어쩌면 선생님께 드릴 선물을 마련해 줄지도 모르지 않니?" 하고 어머니가 답변합니다.

다음 날 아침, 라칼 라자를 만나 학교에 가는 도중 고팔이 말합니다.

"라칼 라자 형, 오늘 모든 아이들이 선생님께 선물을 드리게 되어 있어. 그런데 우리 집이 너무 가난해서 아무것도 준비를 못했거든. 형이 뭐 좀 마련해 줄 수 있겠어?"

라칼 라자가 말합니다.

"나도 가난하기는 마찬가지지만, 내가 선물할 만한 물건 하나를 주마."

고팔은 선생님께 드릴 선물이 생기게 되어서 기뻤습니다.

라칼 라자는 실은 신의 변신이었기에 능력을 발휘하여 곧 고팔 앞에 조그마한 우유 단지 하나를 내놓았습니다. 흔히 요구르트라고 불리는 것이었습니다.

라칼 라자가 말합니다.

"이것 받아. 너의 선생님께서는 네가 가난한 것을 아시니까 비싼 선물이 아니라도 이해해 주실 거야."

고팔은 어쨌든 선생님께 드릴 선물이 생긴 것이 기쁘기만 했습니다.

그러나 막상 학교에 가 보니 다른 아이들은 모두 비싸고 좋은 선물들을 준비해 온 것을 보게 되었습니다. 그래서 고팔은 당황하여 어쩔 줄 모르고 문 옆에서 도둑처럼 움츠려 숨어 있었습니다.

그는 자신의 선물이 조그만 우유 단지에 불과했기 때문에 누가 자기를 알아볼까 봐 두려울 정도였습니다.

그러나 선생님은 대단히 친절한 분이었습니다. 그는 고팔로부터 작은 우유 단지를 받아 큰 통에 부었습니다. 그는 곧 하인이 모든 사람이 먹을 우유를 큰 통으로 가져와 고팔이 부은 우유 통에 부울 것을 알고 함께 합치려고 하였던 것입니다.

그러나 신기한 일이 발생했습니다. 선생님이 고팔이 가져온 작은 우유 단지를 비우기 위해 큰 통에 부었으나 단지에서 우유가 계속 흘러나와 순식간에 큰 통을 가장자리까지 가득 채우는 것이 아닙니까! 선생님은 깜짝 놀랐습니다.

식사 도중 사람들은 고팔이 가져온 요구르트를 마시며 연신 탄성을 발했습니다.

"이런 요구르트는 처음 먹어보는 걸. 맛도 좋고 향기도 일품이야. 정말 좋은 요구르트야!"

선생님이 말합니다.

"아, 그 우유는 고팔이 선물로 가져온 거야."

그러고 나서 다시 고팔에게 묻습니다.

“너, 이 요구르트 어디서 났니?”

“네, 저의 형 라칼 라자가 준거에요.”

“라칼 라자가 누구니?”

“라칼 라자는 제 형이에요. 나하고 가장 가까운 친구이기도 하구요. 그는 나하고 항상 함께 학교에 와요. 그리고 학교가 끝나면 집에까지 데려다 주기도 하구요.”

그러나 선생님은 고팔에게 형이 있다는 말을 들어본 적이 없었습니다. 고팔에게는 오직 한 점 혈육이 있었는데 바로 그의 어머니였던 것입니다. 그래서 고팔에게 라칼 라자를 소개해 달라고 말씀하셨습니다.

고팔은 “네, 좋아요. 그는 아주 멋있게 생겼어요. 왕관도 쓰고 있는데 그 왕관에는 공작의 깃털이 꽂혀 있어요. 그는 정말 잘 생겼거든요. 저만 따라 오시면 라칼 라자를 만나게 해 드릴게요.”라고 대답하고는 선생님께 라칼 라자를 소개해 주기로 약속하였습니다.

그날 저녁 연회가 끝난 후 모든 사람이 집으로 돌

아가고 나자 고팔은 선생님과 함께 숲으로 들어갔습니다.

이윽고 자신의 형을 만나고는 했던 장소에 이르자 "라칼 라자, 라칼 라자, 라칼 라자" 하고 소리쳐 불렀습니다. 그러나 라칼 라자는 나타나지 않았습니다.

그는 다시 부릅니다.

"라칼 라자, 라칼 라자, 오늘은 왜 그러니? 너는 매일 내가 부르지 않아도 나타나곤 했잖아. 그런데 오늘은 내가 이렇게 외쳐 부르는데도 나타나지 않는구나. 내게 이렇게도 무례하고 불친절할 수가 있니? 네가 이러면 선생님께서 나를 믿지 않으실 거야. 선생님께서는 분명히 나를 거짓말장이로 아실 거란 말이야. 제발 라칼 라자, 좀 나타나 다오."

고팔은 애원했으나 라칼라자는 나타나지 않았습니다.

"너는 거짓말쟁이로구나. 누군가 다른 사람이 너에게 선물을 준 모양이로구나."

"아니에요. 라칼 라자가 분명히 준 거에요. 오늘 그가 왜 이렇게 심술을 부리는지 모르겠네요."

그러고 나서 고팔은 또 다시 라칼 라자를 불러 보았으나 그는 끝내 모습을 보이지 않았습니다.

고팔이 낙담하여 돌아서려는데 숲 속으로부터 희미하게 그러나 분명하게 두 사람에게 들려오는 소리가 있었습니다.

"고팔, 오늘은 내가 나타나지 않겠다. 나는 그동안 너의 어머니 때문에 네게 나타났던 것이다. 매일 나에게 바치는 어머니의 기도 때문에 말이다.

어머니는 언제 어디서나 쉬지 않고 기도했고 나는 감동하였다. 그래서 어머니의 소원대로 너와 놀아주고 선물도 하며 너를 도우려고 했던 것이다.

그러나 너의 선생님은 나에게 기도를 한 적이 없다. 내가 너의 선생님 앞에 나타나야 할 이유가 없어. 선생님은 그럴 자격이 없단다.

나는 내게 기도하는 사람, 나를 필요로 하는 사람 앞에만 모습을 드러낸다. 너의 선생님은 내게 기도한 적이 없었기에 오늘 나는 내 모습을 보이지 않는 것이다."

고팔의 선생님은 모든 정황을 이해할 수 있었습니다. 그리고 고팔 어머니의 믿음에 깊이 감동하였습니다. 고팔 어머니의 기도의 힘으로 인해 고팔이 크리슈나 신을 만나게 되었던 것을 이해할 수 있었던 것입니다.

당신도 마찬가지로 아침 저녁으로 기도할 수 있습니다. 그럴 때 신을 기쁘시게 할 것입니다. 아침 저녁으로 5분씩 기도하십시오.

어머니 아버지로부터 기도하는 법을 배우십시오. 당신은 당신 자신의 라칼 라자를 만나 그로부터 당신이 어려움이나 위험에 처할 때 도움을 얻을 수 있게 될 것입니다.

스리 친모이는 인생의 의미를 추구하는 사람들에게 영감을 주고 도움을 주려고 하는 깨달은 영적인 스승입니다.

명상은 물론 음악, 예술, 문학, 체육 그리고 자신의 헌신적인 생활 전체를 통해 그는 사람들에게 내면의 평화와 충족을 찾는 방법을 보여주기 위해 힘썼습니다.

1931년 인도의 벵갈에서 태어나 친모이는 12세에 오르빈도의 아쉬람에 들어갔습니다.

그의 강렬한 영적 수련은 하루에 14시간의 명상을 포함하여 시와 에세이를 집필하고 헌신적인 성가의 작곡, 헌신적인 봉사와 체육활동의 실천에 바쳐졌습니다. 젊은 날에 그는 심원한 내적인 체험을 하였고 영적인 깨달음을 얻었습니다.

그는 20년간 아쉬람에서 수도하면서 그의 깨달음을 깊고 넓게 확대하였습니다.

1964년에 뉴욕으로 건너가 진지한 구도자들과 내면의 부를 나누고 있습니다. 근래 스리 친모이는 세계 도처에 널려있는 250여 개의 센터에서 제자들에게 영적인 안내자로서 봉사하고 있습니다.

그는 영적으로 빠른 진보를 위해 '가슴의 길'을 옹호합니다.

영적인 가슴에 대해 명상함으로써 구도자는 그 자신의 내면의 보물인 평화, 기쁨, 빛 그리고 사랑을 발견할 수 있습니다.

스리 친모이에 따르면 영적 스승의 역할이란, 구도자로 하여금 이러한 내적인 부들로써 깨달음을 얻도록 도와주는 것입니다.

그는 제자들에게 내면생활에 대해서 가르치며 그들의 기대와 상상을 초월할 정도로 그들의 의식을 고양시킵니다.

대신 친모이는 제자들에게 정규적으로 명상할 것과 그가 그들에게 제시하는 내적 자질들을 성숙시켜 나갈 것을 요구 하였습니다.

스리 친모이는 구도자가 지고의 존재에 접근할 수 있는 가장 직접적인 방법은 사랑이라고 가르칩니다.

아이가 아빠에게 사랑을 느낄 때 세속적인 견지에서 아빠가 얼마나 위대한지는 문제가 되지 않습니다. 사랑하는 마음을 통해 아빠와 그리고 아빠의 역량에 대한 일체감을 느낄 뿐입니다.

이와 꼭 같은 방법으로 지고의 존재에 다가감으로써 구도자는 그 존재의 영원성, 무한성과 불사를 자신의 것으로 만들 수 있는 것입니다.

이러한 사랑의 철학은 인간과 신 사이의 의식의 일체감이라는 면에서 가장 깊은 결속을 나타낸다고 친모이는 믿습니다.

신은 인간의 가장 높은 자아라는 사실을 깨닫게 되면서 사람은 자신을 지고의 존재로 실현시켜 나갑니다. 지고의 존재는 인간을 통해 자신을 드러내며 인간은 세계의 변화와 완전성을 위한 신의 도구로서 기여하는 것입니다.

인도의 전통에 따라 스리 친모이는 그의 영적지도에 대한 수업료를 받지 않습니다. 그뿐만 아니라 그가 종종 개최하는 음악회나 공식적인 명상수련에서도 수업료를 받지 않습니다.

그의 말에 따르면 유일한 수업료가 있는데 수행자 자신의 진지한 내적인 열망인 것입니다.

그는 학생 하나 하나에 인간적인 관심을 표명하였습니다. 일단 제자로 받아들인 경우에는 크나큰 책임감으로써 제자의 내적 진보를 위해 최선을 다하는 것이었습니다.

뉴욕에서 친모이는 제자들과 일주일에 여러 차례의 명상 모임을 주관했고 일반인들을 위해서는 정규적으로 수요저녁 명상 시간을 마련하였습니다.

뉴욕에 살고 있지 않은 사람들은 1년에 세 번 열리는 세계적인 집회에서 친모이를 접견하거나 스승이 자기들이 거주하고 있는 도시를 방문할 때 만나볼 수 있었습니다. 그들은 스승과 제자 사이의 내적인 유대가 신체적인 분리를 초월함을 느끼곤 하였습니다.

스리 친모이는 다양한 수준의 제자들을 받아들였습니다. 초보자로부터 고급의 수행자까지 그들의 수준에 따라 애정을 지니고 지도하였습니다.

스리 친모이는 개인적으로도 적극적이고 활동적인 인생을 살았습니다.

그에게 있어서 영성이란 세상으로부터의 도피가 아니라 세상을 변형시키는 수단이었습니다.

그는 800권이 넘는 책을 썼습니다. 여기에는 희곡, 시, 이야기, 에세이 그리고 영성에 대한 다양한 답변과 주석들이 포함되어 있습니다. 그는 수천 점의 신비적인 그림을 그렸으며 6000개가 넘는 송가(devotional songs)를 작곡했습니다. 그리고 여러 도시에서 수백 회의 평화 콘서트를 열었습니다.

천부적으로 주어진 체육에 대한 재능 그리고 신체의 건강이 영적인 진보에 도움이 된다고 믿음으로 인해 친모이는 그의 제자들에게 다양한 스포츠 활동에 참여하기를 권했습니다.

그의 지도하에 스리 친모이 국제 마라톤 팀이 수백 개의 경주로를 조직하였고 공인된 최장의 레이스는 1300마일에 이르고 2년에 한 번씩 평화를 기원하는 지구촌 릴레이 경주를 열고 있습니다.

친모이는 역도에서도 큰 명성을 얻었습니다.

명상을 통해 얻는 내면적 평화가 외적인 힘의 근원이 될 수 있다는 것을 보여주기 위하여 그는 단지 한 손만을 사용하여 7000파운드의 무게를 들어올린 바 있습니다.

이와 더불어 그는 '일체된 가슴으로 세계를 들어올리기'라는 타이틀의 한 시상 프로그램에서 특별히 고안된 플랫폼에 1700명을 태워 머리 위로 들어 올린 것으로도 유명합니다.

어린이와 신의 대화

2007년 5월 20일 초판인쇄
2007년 5월 25일 초판발행

지은이 ｜ 스리 친모이
옮긴이 ｜ 김상환
펴낸이 ｜ 이찬규
펴낸곳 ｜ 북코리아
등록 ｜ 제03-01240호
주소 ｜ 121-802 서울시 마포구 공덕2동 173-51
전화 ｜ 02-704-7840
팩스 ｜ 02-704-7848
이메일 ｜ sunhaksa@korea.com
홈페이지 ｜ www.ibookorea.com

ISBN 978-89-89316-93-0 03370

값 10,000원